Polnische Küche

Spezialitäten aus der Mitte Europas

EDITION XXL

Inhalt

Vorwort 3

Ratgeber 4

Suppen 6

Wärmendes für Leib und Seele – heiß geliebte Suppen für den gelungenen Auftakt einer Mahlzeit

Hauptgerichte 16

Das Beste aus Seen, Wäldern und Feldern – herzhafte und aromatische Gerichte mit Fisch, Fleisch und Gemüse

Süßspeisen 72

Einfach unwiderstehlich gut – süße Mehlspeisen, frisch gebacken oder frittiert, für jeden Anlass

Register 80

Vorwort

Der polnischen Küche eilt der Ruf voraus, herzhaft, üppig und gehaltvoll zu sein, eben so, wie die Gerichte früher in allen ländlichen Gebieten auch hierzulande waren. Diesem Ruf wird sie durchaus gerecht – allerdings auf eine sehr schmackhafte Weise. Jeder, der einmal in den Genuss polnischer Gastfreundschaft gekommen ist, weiß genau, was das bedeutet: Die aufgetischten Speisen wecken Kindheitserinnerungen, schmecken einmalig gut und erzeugen ein wohliges Zufriedenheitsgefühl. Kurzum: Sie sind ein Vergnügen für Körper und Seele!

Diesem Vergnügen können Sie mit der vorliegenden Rezeptsammlung auch zu Hause frönen ... und Familie und Freunde daran teilhaben lassen. Auch wenn Sie normalerweise die eher leichte mitteleuropäische Küche bevorzugen, so spricht doch nichts dagegen, ab und zu einmal den Blick statt auf die Waage auf die Freude gemeinsamen Essens und Trinkens zu richten. Servieren Sie Ihren Gästen Köstlichkeiten wie Botwinka (Rote-Bete-Suppe), Pierogi (gefüllte Teigtaschen) oder Bigos (Sauerkrauttopf) – vielleicht sogar mit einem Gläschen Wodka danach – und spüren Sie dem Lebensgefühl unserer östlichen Nachbarn nach.

Ich wünsche Ihnen viel Spaß bei Ihrer Entdeckungsreise durch die polnische Spezialitätenküche und viel Freude beim Kochen und Genießen!

Guten Appetit! Smacznego!

Ihr Jakub Kamiński

Ratgeber

Das Land in der Mitte Europas blickt auf eine wechselvolle Geschichte zurück, die auch Spuren in der Küche hinterlassen hat. Ebenso sind die Einflüsse der östlichen Nachbarländer unverkennbar. Die bodenständige und ländliche Küche gründet auf den Urvätern der Polen, den Polanen (*pole* = Feld), die Ackerbauer waren und noch heute wird mehr als die Hälfte des Landes landwirtschaftlich genutzt. Das schlägt sich sehr deutlich in den meistverwendeten Zutaten der polnischen Küche nieder.

Typische Zutaten

- Die ausgedehnten Wälder und Wiesen sind eine reiche Quelle für **Wild**, wie z. B. Hase und Fasan.
- Auch Sammler von **Pilzen** werden hier alljährlich fündig: Pfifferlinge, Steinpilze und Maronen bilden die Grundlage für köstliche, in Polen beliebte Pilzgerichte.
- Die zahlreichen Gewässer liefern reichlich **Fische**, wie z. B. Karpfen oder Hering, zum Braten, Räuchern oder Marinieren – Angeln ist in Polen fast schon ein Volkssport.
- Hühner, Enten, Gänse und andere **Geflügelarten** haben auf den weiten Wiesenflächen genügend Auslauf und werden vor allem an Festtagen gerne verzehrt.
- Auf den Feldern wachsen verschiedene **Gemüse**, unter denen Rote Bete, Gurken und Weißkohl die beliebtesten Sorten sind. Gurken werden gerne als Salzgurken konserviert und aus Weißkohl stellt man das häufig verwendete Sauerkraut her.
- Die Rinder- und Schweinezucht liefert das **Fleisch** für herzhafte Gerichte und für die Verarbeitung zu Wurstwaren, wie der Krakauer oder der Kabanossi.
- **Honig** aus heimischer Produktion hat einen hohen Stellenwert und wird in vielerlei Backwaren verwendet, wie z. B. Honig- oder Lebkuchen.
- **Mohn** ist eine häufige Zutat in Backwaren und Süßspeisen, er gilt als Symbol des Überflusses. Seine besondere Bedeutung wird auch an einem originellen Brauch deutlich: An Silvester streut man den Frauen Mohn in die Schuhe – das soll die Zahl der Verehrer deutlich erhöhen.

Klassische Gerichte

In Polen gibt es einige Gerichte, die sozusagen Nationalgut sind. Ihre Zutaten können zwar von Region zu Region leicht variieren, doch das Grundrezept ist immer gleich. Diese Speisen stehen in Polen in fast jedem Restaurant auf der Speisekarte:

- **Pierogi** sind gekochte Teigtaschen mit verschiedenen Füllungen. Die beliebtesten sind aus Kartoffeln und Weißkäse, aus Sauerkraut und Pilzen sowie aus Fleisch.
- **Bigos** ist ein Eintopf aus Sauerkraut, verschiedenen Fleisch- und Wurstsorten und Pilzen – und eine der traditionellsten Speisen Polens.
- **Gołąbki** sind in Tomatensoße geschmorte Kohlrouladen mit einer Füllung aus Hackfleisch und Reis.
- **Żurek** heißt die Suppe aus Roggensauerteig, die auch manchmal in ausgehöhltem Brot serviert wird.
- **Barszcz** ist eine klare Rote-Bete-Suppe, die man häufig aus der Tasse trinkt.

Beilagen

- **Kasza**, ein Brei aus Buchweizen, stammt ursprünglich aus Russland, wird aber auch in Polen gerne anstelle von Kartoffeln oder Reis gegessen. Neben der traditionellen Verwendung als Beilage finden sich heute auf den Speisekarten moderner Restaurants auch pikante Abwandlungen zum Hauptgericht.
- **Mizeria** ist ein Gurkensalat, den man häufig zu Fleisch- oder Fischgerichten serviert. Nach alter Tradition wird er aus geriebenen Gurken, Schmand oder Kefir und Dill hergestellt und süß-sauer angemacht.
- **Kluski**, Klöße, werden von allen Polen heiß geliebt, auch wenn sie eigentlich eine schlesische Spezialität sind. Vor allem die Kombination mit Gänsebraten und Rotkohl ist sehr beliebt. Die Klöße werden aus gekochten Kartoffeln, manchmal auch mit einem Teil roh geriebenen Kartoffeln, hergestellt – und sind nur echt mit dem typischen Loch in der Mitte.

Getränke

- **Wódka**, das polnische Nationalgetränk (nicht zu verwechseln mit *woda* = Wasser), ist in Polen immer noch sehr populär, auch wenn der Verbrauch in den letzten Jahren etwas zurückgegangen ist. Wodka wird meist pur getrunken. Eine besondere Spezialität ist *Zubrówka*: Sein Markenzeichen ist der Büffelgrashalm in der Flasche.
- **Piwo** (Bier) hat in Polen eine lange Tradition und fast jede größere Stadt besitzt ihre eigene Brauerei.
- **Kawa** (Kaffee) trinkt man häufig auf altpolnische Art: Die gemahlenen Kaffeebohnen werden ohne Filter mit heißem Wasser aufgegossen, sodass sich das Pulver auf dem Boden der Tasse absetzt.
- **Kompot** (Kompott) wird oft zu den Mahlzeiten getrunken. Es unterscheidet sich von dem bei uns bekannten Kompott dadurch, dass es aus dem Saft gekochter Früchte besteht und nur wenige Obststückchen enthält.

In den **Milchbars** (*Bar mleczny*) gibt es polnische Hausmannskost in meist guter Qualität zu einem günstigen Preis. Diese Einrichtung ist ein Relikt aus der Zeit des Sozialismus: Als eine Art „Armenküche" war sie dazu gedacht, dass jeder einmal am Tag eine warme Mahlzeit erhalten sollte. Damals gab es dort – im Gegensatz zu heute – nur fleischlose Gerichte, daher der Name „Milchbar".

Traditionen und Essgewohnheiten

Die Polen sind ein sehr geselliges Volk, was in den zahlreichen Festen und Familienzusammenkünften deutlich zum Ausdruck kommt. Dabei spielen nicht nur Essen und Trinken eine bedeutende Rolle – auch die althergebrachten Traditionen werden hochgehalten und sind wichtiger Bestandteil des gesellschaftlichen Lebens.

Ostern: Bei diesem im katholischen Polen äußerst bedeutsamen Fest wird reichlich aufgetischt – schließlich markiert es das Ende der langen Fastenzeit. Nach der kirchlichen Feier trifft sich die ganze Familie zum Osterfrühstück. Neben den gefärbten, gesegneten Eiern gibt es eine Fülle an Speisen, wobei weder das Osterbrot noch kulinarische Klassiker wie Żurek und zahlreiche Kuchen nicht fehlen dürfen. Die Feierlichkeiten enden am Ostermontag mit einem ungewöhnlichen Brauch: einer großen Wasserschlacht!

Weihnachten: Auch das Weihnachtsfest ist in Polen ein religiöser und zugleich kulinarischer Höhepunkt. Traditionell kommen am Heiligabend zwölf fleischlose Gerichte auf den Tisch – zu Ehren der zwölf Apostel. Die Zeremonie beginnt mit dem Teilen einer Oblate und dem gegenseitigen Glückwünschen. Dann werden die verschiedenen Speisen, von Rote-Bete-Suppe und Pierogi über Rollmops und Karpfen bis hin zu köstlichen Nachspeisen, wie dem obligatorischen Mohnkuchen, serviert. Die Auswahl der Speisen ist je nach Region unterschiedlich. Häufig bleibt ein Platz an der Festtafel leer: für einen unverhofften Gast, dem man an Weihnachten nicht die Tür weisen darf.

Hochzeit: Eine polnische Hochzeit dauert mindestens 12 Stunden, wenn nicht sogar mehrere Tage und während dieser Zeit darf das Essen nie ausgehen. Vor dem Essen bekommt das Hochzeitspaar Brot und Salz als Symbole für immerwährenden Wohlstand. Dann wird alles aufgefahren, was Küche und Keller hergeben: die gesamte Palette traditioneller Suppen, Fleisch- und Fischgerichte und natürlich jede Menge Desserts und Kuchen. Und sollte etwas übrig bleiben, wird es für die Gäste zum Mitnehmen eingepackt.

Saure Mehlsuppe Żurek

Schwierigkeitsgrad: mittel | **Portionen:** 4 | **Arbeitszeit:** 60 Minuten, plus 3 Tage zum Gären

Diese außergewöhnliche Suppe wird in Polen traditionell am Ostersonntag serviert. Ihre säuerliche Note erhält sie durch den zu Sauerteig vergorenen Roggenschrot. Die weiteren Zutaten schwanken von Region zu Region. Sehr verbreitet ist z. B. die Zugabe von Buttermilch oder Kefir. Besonders authentisch ist das Servieren in einem ausgehöhlten Brotlaib: Die am Ende aufgeweichte Kruste schmeckt köstlich!

Zutaten

100 g Roggenschrot
2 Knoblauchzehen
1 Zwiebel
1 Karotte
1 Kartoffel
½ Knollensellerie
2 polnische Würste
1 EL Pflanzenöl
1 l Gemüsebrühe
1 Lorbeerblatt
1 TL getrockneter Majoran
4 Eier
100 g saure Sahne
Salz, Pfeffer

Außerdem:
nach Belieben 4 kleine, ausgehöhlte Brotlaibe

Zubereitung

1| Für den Sauerteig den Roggenschrot mit 400 ml Wasser gut verrühren und in ein sauberes Glas füllen. Mit einem Tuch abdecken und ca. 3 Tage bei Zimmertemperatur zum Vergären stehen lassen. Dabei einmal täglich umrühren.

2| Die Knoblauchzehen und die Zwiebel abziehen und klein schneiden. Die Karotte, die Kartoffel und den Sellerie waschen, schälen und in grobe Stücke schneiden. Die Würste in dicke Scheiben schneiden.

3| In einem großen Topf das Öl erhitzen und den Knoblauch, die Zwiebel, die Gemüsestücke und die Wurst darin scharf anbraten. Mit der Gemüsebrühe auffüllen und das Lorbeerblatt und den Majoran hinzufügen. Die Suppe ca. 30 Minuten kochen lassen.

4| Die Eier in einem separaten Topf in ca. 10 Minuten hart kochen, mit kaltem Wasser abschrecken, pellen und halbieren.

5| Den vergorenen Roggenschrot zur Suppe geben und 5–10 Minuten unter Rühren weiterköcheln. Die saure Sahne mit 1–2 Esslöffeln heißer Suppe verrühren und dann die Mischung zur Suppe geben und unterrühren. Mit Salz und Pfeffer abschmecken.

6| Die Suppe nach Belieben in Teller oder kleine Brotlaibe geben und mit jeweils 2 Eierhälften servieren.

„Guten Morgen/Tag!" – „Dzień dobry!" | „Guten Abend!" – „Dobry wieczór!" | „Gute Nacht!" – „Dobranoc!"

Graupensuppe Krupnik

Schwierigkeitsgrad: einfach | Portionen: 4 | Arbeitszeit: 50 Minuten

Krupnik ist eine traditionelle Suppe der polnischen Küche. Was sie auszeichnet, ist die Verwendung von Gerstengraupen. Dabei kommt es auf die richtige Menge an, denn die Konsistenz der Suppe darf nicht zu dick- und nicht zu dünnflüssig sein. Das Gericht ist vor allem während der Winterzeit beliebt.

Zutaten

2 Karotten
1 Stange Lauch
1 Zwiebel
200 g Sellerie
4 Stängel Liebstöckel
2 Kabanossi
1 EL Butterschmalz
1 l Fleischbrühe
100 g Gerstengraupen
1 Lorbeerblatt
Salz, Pfeffer

Zubereitung

1| Die Karotten schälen und in Scheiben schneiden. Den Lauch putzen, längs halbieren, waschen und in Streifen schneiden. Die Zwiebel abziehen und fein hacken. Den Sellerie schälen und in 1 cm dicke Würfel schneiden. Den Liebstöckel abbrausen, die Blätter von den Stielen zupfen und vier davon für die Dekoration beiseitelegen. Die Kabanossi in Scheiben schneiden.

2| Das Butterschmalz in einem Topf erhitzen, die Zwiebel darin andünsten und mit der Fleischbrühe aufgießen. Die Graupen, das Lorbeerblatt und den Liebstöckel dazugeben und alles ca. 30 Minuten köcheln lassen.

3| Die Karotten, den Lauch und den Sellerie in die Suppe geben und weitere 10 Minuten garen. Die Kabanossi dazugeben und die Suppe mit Salz und Pfeffer abschmecken.

4| Die Suppe in Teller füllen und mit dem Liebstöckel garniert servieren. Dazu schmeckt frisches Bauernbrot.

Schon gewusst?

Krupnik bezeichnet auch einen in Polen beliebten Honig-Schnaps, der aus Alkohol, Wasser, Honig und bis zu 50 verschiedenen Kräutern besteht. Man genießt ihn sowohl kalt als auch heiß oder mischt ihn mit Bier.

„Ja./Nein." – „Tak./Nie." | „Danke!/Bitte!" – „Dziękuję!/Proszę!" | „Vielleicht." – „Może."

Sauerkrautsuppe Kapuśniak

Schwierigkeitsgrad: einfach | Portionen: 4–6 | Arbeitszeit: 70 Minuten

Polnischer Kapuśniak erhält durch die Zugabe von Sauerkraut seinen unverwechselbaren, säuerlichen Geschmack. Die Suppe ist nicht nur köstlich, sondern aufgrund des hohen Vitamin-C-Gehalts auch sehr gesund.

Zutaten

500 g Schweinebauch
1 Zwiebel
400 g Kartoffeln
2 Karotten
1 kleine Petersilienwurzel
½ Knollensellerie
1 EL Pflanzenöl
1,5 l Fleischbrühe
1 Lorbeerblatt
1 TL getrockneter Majoran
4 Wacholderbeeren
100 g Räucherspeck
400 g Sauerkraut
Salz, Pfeffer

Außerdem:
Majoranblättchen zum Garnieren

Zubereitung

1| Den Schweinebauch in Würfel schneiden. Die Zwiebel abziehen und fein hacken. Die Kartoffeln, die Karotten, die Petersilienwurzel und den Sellerie putzen, waschen, schälen und in Stücke bzw. in Streifen (Karotten) schneiden.

2| Das Öl in einem großen Topf erhitzen und die Schweinebauchwürfel darin anbraten. Die Zwiebel- und die Gemüsestücke dazugeben und mit der Fleischbrühe auffüllen. Das Lorbeerblatt, den Majoran und die Wacholderbeeren hinzufügen und alles ca. 30 Minuten köcheln lassen.

3| Den Räucherspeck in Würfel schneiden, zusammen mit dem Sauerkraut in die Suppe geben und weitere 10 Minuten köcheln lassen.

4| Mit Salz und Pfeffer würzen und mit Majoranblättchen garniert servieren.

Tipp:

Wenn Ihnen Schweinebauch zu fett ist, können Sie als Alternative auch rohe Schweinerippchen verwenden oder den Räucherspeck einfach weglassen.

„Entschuldigung!" – „Przepraszam!" | „Das tut mir leid!" – „Bardzo mi przykro!" | „Das ist mir egal!" – „To mi jest obojętne!"

Rote-Bete-Suppe Zupa botwinka

Schwierigkeitsgrad: einfach | Portionen: 4 | Arbeitszeit: 50 Minuten

Dieser Suppenklassiker erhielt seinen Namen von der wichtigsten Zutat: Botwinka nennt man die junge Rote Bete mitsamt den Blättern. Die frischen Blätter enthalten sogar noch mehr Vitamine und Mineralstoffe als die Knollen. An heißen Tagen serviert man die Suppe in Polen gerne kalt und mit hart gekochten Eierhälften.

Zutaten

600 g Rote Bete mit Blättern
250 g Kartoffeln
¼ Knollensellerie
1 Zwiebel
1 EL Pflanzenöl
1 l Gemüsebrühe
1 Lorbeerblatt
100 ml süße Sahne
Zitronensaft
Salz, Pfeffer

Zubereitung

1| Die Blätter der Roten Bete abdrehen, die Knollen schälen und in Würfel schneiden. Da Rote Bete sehr stark färbt, sollten Sie beim Verarbeiten Haushaltshandschuhe tragen. Die Kartoffeln und den Knollensellerie schälen, waschen und ebenfalls in Würfel schneiden.

2| Die Rote-Bete-Blätter waschen, trocken schütteln und in Streifen schneiden. Die Zwiebel abziehen und fein hacken.

3| Das Pflanzenöl in einem großen Topf erhitzen und die Zwiebeln darin glasig dünsten. Die Rote-Bete-, Kartoffel- und Selleriewürfel dazugeben und kurz mitdünsten. Die Gemüsebrühe dazugießen und zusammen mit dem Lorbeerblatt ca. 20 Minuten köcheln lassen.

4| Die Sahne einrühren, die Rote-Bete-Blätter hinzufügen und ca. 5 Minuten ziehen lassen. Mit Zitronensaft, Salz und Pfeffer abschmecken und servieren.

Schon gewusst?

Rote Bete enthalten Betanin, einen natürlichen Farbstoff, der auch der Suppe ihre appetitlich-rote Farbe verleiht. Betanin ist außerdem ein Antioxidans und schützt somit die Körperzellen vor Schädigungen.

„Es ist sehr schön hier!" – „Tutaj jest bardzo ładnie!" | „Sehr gut!" – „Bardzo dobrze!" | „In Ordnung!" – „W porządku!"

Kapernsuppe mit Fleischklößchen
Zupa kaparowa z klopsikami

Schwierigkeitsgrad: mittel | **Portionen:** 4 | **Arbeitszeit:** 60 Minuten

Diese polnische Spezialität erinnert sehr an die hierzulande bekannten Königsberger Klopse – keine Wunder, ist doch die regionale Nähe unübersehbar. Fleischklößchen (Klopsiki) werden auch gerne in ähnlichen Gerichten verwendet, wie z.B. in Klopsiki mit Dillsoße, oder als Zrasas: aus Hähnchenfleisch und mit Weißkohl gefüllt.

Zutaten

Für die Suppe:
1 unbehandelte Zitrone
20 g Butter
20 g Mehl
600 ml Brühe
1 kleines Glas Sardellenfilets
2 EL Kapern
1 Becher Crème fraîche
1 Eigelb
Muskat
Salz, Pfeffer

Für die Fleischklößchen:
1 altbackenes Brötchen
½ Bund Petersilie
300 g Hackfleisch
1 Ei
1 EL Mehl
Muskat
Salz, Pfeffer

Zubereitung

1| Für die Suppe die Schale der Zitrone abreiben und den Saft auspressen. Die Butter in einem Topf zum Schmelzen bringen, das Mehl darüber stäuben und anschwitzen. Unter Rühren die Brühe dazugeben und aufkochen lassen.

2| Die Sardellenfilets und die Kapern in die Mehlschwitze hineinrühren. Die Zitronenschale ebenfalls hineingeben und die Crème fraîche und das Eigelb unterrühren. Die Suppe mit dem Zitronensaft, dem Muskat und Salz und Pfeffer abschmecken.

3| Für die Fleischklößchen das Brötchen in lauwarmem Wasser ca. 10 Minuten einweichen. Die Petersilie abbrausen, trocken schütteln, die Blätter von den Stielen zupfen und hacken.

4| Das Brötchen ausdrücken und mit dem Hackfleisch, dem Ei, dem Mehl und der Petersilie vermischen. Mit Muskat, Salz und Pfeffer würzen.

5| Aus der Hackfleischmasse ca. 3 cm große Bällchen formen, sie in die Suppe einlegen und ca. 15 Minuten ziehen lassen.

Schon gewusst?

Kapern sind die in Essig eingelegten Blütenknospen des Echten Kapernstrauches. Sie wurden bereits vor Tausenden von Jahren hoch geschätzt: als Würz- und Heilmittel sowie als Aphrodisiakum.

„Wie geht es dir?" – „Jak ci się powodzi?" | „Es geht mir gut!" – „Czuję się dobrze!" | „Alles beim Alten!" – „Wszystko po staremu!"

Heringssalat mit Roter Bete
Sałatka śledziowa z buraczkami

Schwierigkeitsgrad: einfach | **Portionen:** 4 | **Arbeitszeit:** 50 Minuten, plus 1 Stunde Ziehzeit

Heringssalat pur ist in Polen eine traditionelle Vorspeise an Festtagen wie Weihnachten, Neujahr oder Ostern. Mit Kartoffeln serviert, wird er schnell zu einer vollwertigen Mahlzeit. Und auch hier geht es natürlich nicht ohne die heiß geliebte Rote Bete …

Zutaten

300 g Rote Bete
400 g eingelegte Heringsfilets oder Matjesfilets
200 g Senfgurken (aus dem Glas)
1 Salatgurke
2 Äpfel
1 Bund Schnittlauch
200 g saure Sahne
2 EL geriebener Meerrettich
Salz, Pfeffer

Zubereitung

1| Die Rote Bete unter fließendem Wasser abbürsten und in Salzwasser ca. 40 Minuten kochen. Wenn sie gar sind, abkühlen lassen, schälen und in Würfel schneiden.

2| Die Heringsfilets in mundgerechte Stücke teilen. Die Senfgurken aus dem Glas nehmen und in größere Stücke zerteilen. Die Salatgurke und die Äpfel waschen. Die Äpfel entkernen. Die Salatgurke und die Äpfel grob raspeln. Den Schnittlauch abbrausen und in Röllchen schneiden.

3| Alle Zutaten in eine Schüssel geben und mit der Sahne, dem Meerrettich und etwas Senfgurkenwasser vermischen.

4| Den Salat im Kühlschrank ca. 1 Stunde ziehen lassen und dann mit Salz und Pfeffer abschmecken.

5| Den Heringssalat nach Belieben mit Salzkartoffeln servieren.

Tipp:

Da Rote Bete sehr stark färbt, sollten Sie beim Schälen und Schneiden Haushaltshandschuhe tragen. Wenn Sie keine besitzen und Ihre Hände rot gefärbt sind, hilft es, sie sofort mit Zitronensaft abzureiben.

„Auf Wiedersehen!" – „Do widzenia!" | „Hallo!/Tschüss!" – „Cześć!" | „Bis bald!" – „Na razie!/Do zobaczenia!"

Heringssalat mit Roter Bete – Sałatka sledziowa z buraczkami

Tipp:

Rollmops eignet sich auch sehr gut als Fingerfood auf einem Partybuffet: Nehmen Sie hierfür besonders kleine und zarte Heringsfilets.

Rollmöpse Rolmopsy

Schwierigkeitsgrad: einfach | **Portionen:** 4 | **Arbeitszeit:** 40 Minuten, plus 12 Stunden Einlegezeit und 2 Tage Ziehzeit

In Polen liebt man Heringe in allen Variationen: eingelegt, gebeizt, gebraten, als Filet … In Form von Rollmöpsen kommen sie rund ums Jahr auf den Tisch. Aber besonders gerne isst man sie als Vorspeise an Heiligabend oder Silvester!

Zutaten

12 in Salz eingelegte Heringsfilets
1 Karotte
1 Zwiebel
2 Essiggurken
200 ml Essig
1 Lorbeerblatt
1 TL Senfkörner
1 Nelke
4 Pimentkörner
1 TL Pfefferkörner
2 EL Senf

Zubereitung

1| Die Heringsfilets über Nacht in Wasser einlegen.

2| Die Karotte putzen, schälen und in dünne Stifte schneiden. Die Zwiebel abziehen, halbieren und in Streifen schneiden. Die Essiggurken in Streifen schneiden und danach in 3 cm lange Stifte teilen.

3| 600 ml Wasser in einem Topf erhitzen und die Karottenstifte ca. 2 Minuten darin kochen. Die Karottenstifte mit einer Schaumkelle aus dem Wasser nehmen und beiseitestellen.

4| Den Essig und die Gewürze in das Kochwasser geben und einmal aufkochen lassen.

5| Die Heringsfilets aus dem Wasser nehmen, mit Küchenkrepp trocken tupfen und auf einem Brett auslegen. Mit dem Senf bestreichen. Dann die Heringsfilets jeweils mit den Karotten- und Gurkenstiften und den Zwiebelstreifen belegen. Zu Rollmöpsen zusammenrollen und mit einem Zahnstocher fixieren.

6| Die Rollmöpse in ein Gefäß geben, mit dem Essig-Gewürz-Sud bedecken und ca. 2 Tage ziehen lassen.

Schon gewusst?

Der Rollmops gilt als Katerfrühstück und wird seinem Ruf tatsächlich gerecht: Denn der Rollmops enthält viele Mineralstoffe und diese braucht der Körper nach dem Alkoholgenuss.

„Wie heißt du?“ – „Jak się nazywasz?“ | „Woher kommst du?“ – „Skąd pochodzisz!“ | „Wie alt bist du?“ – „Ile masz lat?“

Mariniertes Kalbfleisch
Marynowana cielęcina

Schwierigkeitsgrad: mittel | Portionen: 4 | Arbeitszeit: 80 Minuten, plus 24 Stunden Beizzeit

Das Marinieren des Kalbfleischs in Buttermilch ist eine typische Zubereitungsart der polnischen Küche. Auch andere Fleischsorten werden gerne durch Einlegen in Buttermilch weich gebeizt. Überhaupt liebt man hier die Buttermilch, vor allem zu Kartoffeln oder in der Suppe.

Zutaten

500 g Kalbfleisch
1 l Buttermilch
1 Zwiebel
100 g Sellerie
2 Karotten
200 ml trockener Weißwein
1 Lorbeerblatt
1 TL Pimentkörner
100 ml Weißweinessig
2 EL Honig
Salz, Pfeffer

Für die Soße:

100 g Champignons
3 Essiggurken
40 g Kapern
½ Bund Petersilie
300 g Mayonnaise
50 ml saure Sahne
2 EL mittelscharfer Senf
1 TL Zucker
Salz, Pfeffer

Zubereitung

1| Das Kalbfleisch in der Buttermilch einlegen und mindestens 24 Stunden an einem kühlen Ort beizen.

2| Die Zwiebel abziehen, den Sellerie schälen und beides grob würfeln. Die Karotten putzen, schälen und in Stücke schneiden.

3| 500 ml Wasser mit dem Weißwein, dem Lorbeerblatt und den Pimentkörnern in einem Topf zum Kochen bringen. Das Kalbfleisch aus der Buttermilch nehmen und abwaschen. Mit den Zwiebelwürfeln, den Selleriewürfeln und den Karottenstücken in den Topf legen, mit Salz und Pfeffer würzen und ca. 1 Stunde köcheln.

4| Den Topf vom Herd nehmen. Den Weißweinessig und den Honig in den Kochsud hineinrühren und das Fleisch in der Flüssigkeit erkalten lassen.

5| Für die Soße die Champignons putzen. Die Essiggurken und die Kapern in ein Sieb gießen und abtropfen lassen. Die Petersilie waschen, trocken schütteln, die Blätter von den Stielen zupfen und fein hacken.

6| Alle Zutaten mit der Mayonnaise und der Sahne vermischen. Mit dem Senf, dem Zucker und Salz und Pfeffer abschmecken.

7| Das Fleisch aus dem Sud heben, in Scheiben schneiden und zusammen mit der Kapernsoße servieren.

„Ich heiße Jakob." – „Nazywam się Jakub." | „Ich komme aus Deutschland." – „Pochodzę z Niemiec." | „Ich bin 29 Jahre alt." – „Mam 29 lat."

Tipp:

Dazu passen sehr gut ein grüner Salat und Pellkartoffeln. Sie können das Kalbfleisch aber auch als kleine Mahlzeit mit Brot servieren.

Kaninchenpastete Pasztet z królika

Schwierigkeitsgrad: mittel | Portionen: 4 | Arbeitszeit: 140 Minuten

Dank der ausgedehnten polnischen Wälder ist Wildbret ein fester Bestandteil der polnischen Küche. Dieses Rezept mit Kaninchenfleisch ist eine edle Hauptspeise, die nur zu besonderen Gelegenheiten auf den Tisch kommt.

Zutaten

1 altbackenes Brötchen
250 g Schweinebauch (nicht zu fett)
400 g Kaninchenfleisch
200 g Geflügelleber
2 Zwiebeln
½ Bund Petersilie
1 Ei
100 g gehackte Walnüsse
8 Scheiben durchwachsener Speck
Muskat
Salz, Pfeffer

Zubereitung

1| Das Brötchen in lauwarmem Wasser einweichen. Den Schweinebauch, das Kaninchenfleisch und die Geflügelleber in grobe Stücke zerteilen und durch die feine Scheibe eines Fleischwolfes drehen.

2| Die Zwiebeln abziehen und sehr fein hacken. Die Petersilie waschen, trocken schütteln, die Blätter von den Stielen zupfen und hacken.

3| Das Brötchen ausdrücken und in eine Schüssel geben. Mit dem Ei, den Walnüssen und dem Fleisch vermischen. Die Masse mit Muskat, Salz und Pfeffer abschmecken.

4| Eine Terrinenform mit den Speckscheiben quer auslegen, sodass der Speck noch über den Rand hängt. Die Fleischmasse in die Terrinenform einfüllen und glatt streichen. Jetzt die Form kräftig aufstoßen und dann die Speckstreifen darüber zusammenlegen. Die Terrine mit einem Deckel verschließen.

5| In einen großen Topf so viel Wasser füllen, dass die Terrinenform nur zu einem Drittel im Wasser steht. Die Pastete ca. 90 Minuten dämpfen.

6| Die Terrine aus dem Wasser nehmen, den Deckel mit einem Gegenstand beschweren und das Ganze erkalten lassen. Die Kaninchenpastete stürzen, in Scheiben schneiden und auf einem Salatbett servieren.

Tipp:

Dieses Rezept kann ebenso gut mit Kalbfleisch an Stelle von Kaninchenfleisch zubereitet werden. Verwenden Sie Speck mit einer feinen, rauchigen Note!

„Sprichst du polnisch?“ – „Mówisz po polsku?“ | „Nur wenig!“ – „Tylko trochę!“ | „Ich spreche nur deutsch.“ – „Mówię tylko po niemiecku.

Tipp:

Wenn Sie pro Person nur eine Scheibe Pastete rechnen, ergibt dieses Rezept eine herrliche und außergewöhnliche Vorspeise für ca. 8 Personen.

Tipp:

Diese Piroggen schmecken auch als vegetarische Variante sehr gut: Lassen Sie den Speck weg und fügen Sie stattdessen kleingeschnittene rote Paprika hinzu.

Gefüllte Quarkteig-Piroggen
Nadziewane kulebiaki

Schwierigkeitsgrad: schwierig | **Portionen:** 4–6 | **Arbeitszeit:** 130 Minuten

Piroggen sind sozusagen das polnische Nationalgericht. Sie sind von Region zu Region unterschiedlich und werden mit verschiedenen Füllungen angeboten. Diese Quarkteig-Piroggen unterscheiden sich von den Pierogi dadurch, dass sie im Ofen gebacken werden und größer sind.

Zutaten

Für den Teig:
250 g Speisequark (40 %)
250 g Butter
300 g Mehl
½ TL Salz

Für die Füllung:
400 g Weißkraut
200 g frische Champignons
1 Zwiebel
200 g geräucherter Speck
1 EL Bratfett
Salz, Pfeffer

Außerdem:
Milch zum Bestreichen

Zubereitung

1| Den Quark in eine Rührschüssel geben. Die Butter, das Mehl und das Salz dazugeben und alles zu einem festen Teig verarbeiten. Den Teig ca. 30 Minuten an einem kühlen Ort ruhen lassen.

2| Das Weißkraut putzen, den Strunk entfernen und das Kraut in dünne Streifen schneiden. Die Champignons putzen und grob hacken. Die Zwiebel abziehen und fein hacken. Den Speck in Würfel schneiden.

3| Das Bratfett in einem Topf schmelzen, den Speck und die gehackte Zwiebel darin anbraten. Das Weißkraut und die Champignons dazugeben und ca. 10 Minuten garen. Mit Salz und Pfeffer abschmecken.

4| Den Backofen auf 180 °C (Umluft 160 °C) vorheizen. Den Teig auf einer bemehlten Arbeitsfläche ca. 3 mm dick ausrollen. Etwa 10 x 15 cm große, rechteckige Stücke aus dem Teig schneiden. In die Mitte jeder Teigplatte 1 gehäuften Esslöffel der Füllung geben. Die Ränder mit einem Küchenpinsel mit Milch bestreichen und die Teigplatten zusammenklappen. Mit einer Gabel die Ränder zusammendrücken, sodass dort ein schönes Muster entsteht und die Teigtaschen fest verschlossen sind.

5| Die Teigtaschen auf ein Backblech legen, mit Wasser bestreichen und im vorgeheizten Backofen ca. 40 Minuten backen. Dazu schmeckt ein Kräuterquark.

„Was arbeitest du?" – „Czym się zajmujesz?" | „Ich habe zurzeit keine Arbeitsstelle." – „Teraz nie mam pracy." | „Ich studiere in Frankfurt." – „Studiuję we Frankfurcie."

Rinderzunge mit Meerrettichsoße
Ozór wołowy w sosie chrzanowym

Schwierigkeitsgrad: mittel | Portionen: 4 | Arbeitszeit: 160 Minuten

Eine ganz besondere Spezialität – nicht nur in Polen, sondern im gesamten osteuropäischen Raum – ist die Rinderzunge. Sie wird an Sonn- und Feiertagen serviert und immer von weißer Soße begleitet. Auch der Meerrettich darf dabei nicht fehlen!

Zutaten

2 Karotten
200 g Knollensellerie
1 Stange Lauch
1 Zwiebel
1 Rinderzunge
3 Wacholderbeeren
1 TL Pfefferkörner
2 Lorbeerblätter

Für die Soße:
20 g Butter
20 g Mehl
400 ml Zungenbrühe
30 g frischer, geriebener Meerrettich
1 EL Zitronensaft
4 EL Preiselbeeren
Zucker
Salz, Pfeffer

Zubereitung

1| Die Karotten, den Sellerie und den Lauch putzen, waschen und in grobe Stücke zerteilen. Die Zwiebel abziehen und ebenfalls in grobe Stücke schneiden.

2| Die Rinderzunge waschen und mit dem Gemüse, den Wacholderbeeren, den Pfefferkörnern und den Lorbeerblättern in einen großen Topf geben. Den Topf mit reichlich kaltem Wasser füllen. Das Ganze zum Kochen bringen und den eventuell entstehenden Schaum mit einer Schaumkelle abschöpfen. Bei mittlerer Temperatur ca. 1 ½ bis 2 Stunden köcheln lassen.

3| Wenn die Rinderzunge gar ist, aus dem Sud nehmen, mit kaltem Wasser abschrecken und die Haut von hinten nach vorne abziehen. Den Sud durch ein Sieb abschütten, auffangen, 400 ml abmessen und beiseitestellen.

4| Für die Soße die Butter in einem Topf schmelzen, das Mehl darüber stäuben und unter Rühren anschwitzen. Unter Rühren die Zungenbrühe dazugeben, aufkochen, den geriebenen Meerrettich und den Zitronensaft hinzufügen. Mit Zucker, Salz und Pfeffer abschmecken.

5| Die Rinderzunge in Scheiben schneiden, mit der Soße und jeweils einem Esslöffel Preiselbeeren servieren.

Tipp:

Wenn Sie den Meerrettich reiben, sollten Sie dies am offenen Fenster oder unter der Dunstabzugshaube tun. Dann zieht zumindest ein Teil der Senföle, die für das Augentränen verantwortlich sind, ab.

„Ich verstehe (das nicht)." – „(Nie) rozumiem." | „Was heißt das auf Englisch?" – „Co to znaczy po angielsku?" | „Schreib mir das bitte auf!" – „Proszę mi to napisać!"

Rinderzunge mit Meerrettichsoße – Ozór wołowy w sosie chrzanowym

Piroggen mit Sauerkraut-Pilz-Füllung
Pierogi z kapustą kiszoną i grzybami

Schwierigkeitsgrad: schwierig | **Portionen: 4–6** | **Arbeitszeit: 100 Minuten**

Diese Art von Pierogi ist in Polen allgegenwärtig. In jedem größeren Ort gibt es eine Pierogarnia, wo Pierogi mit unterschiedlichen Füllungen angeboten werden. Klassiker sind die Pierogi ruski mit Kartoffel-Käse-Füllung und diese mit Sauerkraut und Pilzen gefüllten Pierogi.

Zutaten

Für den Teig:
450 g Mehl
2 Eigelb
1 EL Öl
Salz

Für die Füllung:
500 g Sauerkraut
5 getrocknete Pilze (z. B. Steinpilze)
1 Zwiebel
1 EL Pflanzenöl
Salz, Pfeffer

Für die Beilage:
2 Zwiebeln
1 EL Butter

Außerdem:
Eiweiß zum Bestreichen
Salbeiblätter zum Bestreuen
einige Löffel saure Sahne

Zubereitung

1| Das Mehl in eine Schüssel sieben. Die Eigelbe, das Öl, ca. 150 ml warmes Wasser und etwas Salz dazugeben. Alles zu einem glatten, geschmeidigen Teig verkneten und ca. 1 Stunde ruhen lassen.

2| Das Sauerkraut ca. 10 Minuten kochen und danach in einem Sieb abtropfen lassen. Die Pilze in heißem Wasser ca. 20 Minuten einweichen, danach ausdrücken und klein hacken.

3| Die Zwiebel abziehen und in Würfel schneiden. Das Öl in einer Pfanne erhitzen und die Zwiebel darin anbraten. Das Sauerkraut und die Pilze zu der Zwiebel geben und weitere 2 Minuten anbraten, bis die Flüssigkeit verdampft ist. Mit Salz und Pfeffer würzen und abkühlen lassen.

4| Den Teig auf einer bemehlten Arbeitsfläche dünn ausrollen. Mit einem großen runden Ausstecher, am besten einem Maultaschenformer, Kreise aus dem Teig ausstechen. In die Mitte jeweils etwas Füllung geben. Die Ränder mit etwas Eiweiß bestreichen und zusammendrücken.

5| Die Piroggen in reichlich Salzwasser ca. 10 Minuten köcheln. Gelegentlich vorsichtig umrühren, damit sie nicht am Topfboden kleben bleiben.

6| Für die Beilage die Zwiebeln abziehen und in Würfel schneiden. In einer Pfanne die Butter erhitzen und die Zwiebeln darin goldbraun anbraten.

7| Die Piroggen aus dem Wasser nehmen und abtropfen lassen. Mit den angebratenen Zwiebeln garnieren und nach Belieben mit Salbeiblättchen bestreuen. Mit einem Klecks saure Sahne servieren.

„Kannst du mir helfen?“ – „Możesz mi pomóc?“ | „Was ist das?“ – „Co to jest?“ | „Einen Moment, bitte!“ – „Chwileczkę!“

Tipp:

Statt oder zusätzlich zu den gebratenen Zwiebeln kann man auch Speckwürfel knusprig anbraten und dazu servieren. Oder braten Sie die Piroggen nach dem Kochen noch in zerlassener Butter goldbraun an.

Überbackener Blumenkohl
Zapiekany kalafior

Schwierigkeitsgrad: einfach | **Portionen:** 4 | **Arbeitszeit:** 50 Minuten

Dass der Gemüseanbau in Polen eine große Rolle spielt, erkennt man nicht zuletzt daran, dass sowohl Kohl als auch andere Gemüsesorten häufig auf den Tisch kommen. Und wer einen Garten hat, baut sein Gemüse auch heute noch am liebsten selbst an.

Zutaten

1 Blumenkohl (ca. 1 kg)
200 g würziger Käse
4 Eier
250 g saure Sahne
200 g gekochter Schinken
Muskat
Salz, Pfeffer

Außerdem:
Fett für die Form

Zubereitung

1| Den Backofen auf 180 °C (Umluft 160 °C) vorheizen.

2| Den Blumenkohl putzen, waschen und in Röschen zerteilen. Die Blumenkohlröschen in einem Topf mit Salzwasser ca. 5 Minuten kochen. Durch ein Sieb abschütten.

3| Den Käse grob reiben. Die Eier mit der sauren Sahne und dem Käse vermischen, mit dem Muskat und Salz und Pfeffer würzen. Den Schinken in Würfel schneiden.

4| Eine Auflaufform einfetten. Die Blumenkohlröschen hineingeben und den Schinken darüber streuen. Mit der Eier-Sahne-Käse-Mischung übergießen.

5| Im vorgeheizten Backofen ca. 20 Minuten backen.

Tipp:

Dieses Rezept können Sie auch mit anderen Gemüsesorten variieren, z. B. mit Kohlrabi, Brokkoli, Rosenkohl oder Schwarzwurzeln.

„Wo ist das?" – „Gdzie to jest?" | „Geradeaus./Zurück." – „Prosto./Z powrotem." | „Nach rechts/links." – „Na prawo/lewo."

Schmortopf Prażynka

Schwierigkeitsgrad: einfach | Portionen: 4 | Arbeitszeit: 90 Minuten

Dieses herzhafte Schmorgericht lässt man sich in Polen vorzugsweise in der kalten Jahreszeit schmecken. Es ist nicht nur schmackhaft, sondern auch sättigend und magenwärmend.

Zutaten

800 g Rindfleisch
2 Zwiebeln
2 Knoblauchzehen
200 g Sellerie
½ Bund Majoran
500 g Kartoffeln
2 EL Bratfett
1 TL Rosenpaprika
1 Lorbeerblatt
2 Nelken
1 TL Kümmel
Salz, Pfeffer

Zubereitung

1| Das Rindfleisch waschen und in 2 cm große Würfel schneiden. Die Zwiebeln und die Knoblauchzehen abziehen und fein hacken. Den Sellerie putzen, schälen und in kleine Würfel schneiden.

2| Den Majoran abbrausen und trocken schütteln. Einige Stiele beiseitelegen und den Rest fein hacken. Die Kartoffeln waschen, schälen, in 1 cm große Würfel schneiden und in kaltes Wasser legen, damit sie nicht braun werden.

3| Das Bratfett in einem Topf erhitzen und das Rindfleisch darin anbraten. Wenn das Rindfleisch schön braun ist, die gehackten Zwiebeln und den Knoblauch zugeben und ca. 3 Minuten mitbraten.

4| Das Paprikapulver darüber stäuben und mit 500 ml Wasser auffüllen. Das Lorbeerblatt, die Nelken und den Kümmel dazugeben und alles ca. 30 Minuten köcheln.

5| Die Kartoffelstücke und den Majoran in den Schmortopf geben und weitere 20 Minuten garen. Den Schmortopf mit Salz und Pfeffer abschmecken.

Tipp:

Servieren Sie dazu einen *Mizeria*, den typischen Gurkensalat: Dazu vermischt man Gurkenscheiben mit Schmand oder Kefir und würzt das Ganze mit Salz, Pfeffer, Muskat und frischem Dill.

„Was machst du morgen?" – „Co robisz jutro?" | „Treffen wir uns heute Abend?" – „Spotkamy się dzisiaj wieczorem?" | „Ich möchte dich einladen." – „Chcę ciebie zaprosić."

Sauerkrauttopf Bigos

Schwierigkeitsgrad: einfach | Portionen: 4–6 | Arbeitszeit: 70 Minuten

Bigos ist ein typischer Vertreter der klassischen polnischen Küche und gilt in Polen als Nationalgericht. Meist wird es in großen Mengen hergestellt – denn aufgewärmt schmeckt es noch besser!

Zutaten

2 Zwiebeln
2 Knoblauchzehen
500 g Weißkohl
500 g Schweinefleisch
200 g durchwachsener Speck
4 Kabanossi
2 EL Öl
1 Lorbeerblatt
500 g Sauerkraut
250 ml Fleischbrühe
1 EL Tomatenmark
Salz, Pfeffer

Zubereitung

1| Die Zwiebeln und den Knoblauch abziehen und fein hacken. Den Weißkohl putzen und in Streifen schneiden. Das Schweinefleisch in 2 cm große Würfel schneiden. Den Speck in kleine Würfel und die Kabanossi in Scheiben schneiden.

2| Das Öl in einem Topf erhitzen, das Fleisch und den Speck darin anbraten. Die Zwiebeln, den Knoblauch und das Lorbeerblatt dazugeben und ca. 3 Minuten braten.

3| Das Sauerkraut ausdrücken und zu dem Fleisch in den Topf geben. Den Weißkohl hinzufügen, mit der Brühe aufgießen und alles ca. 40 Minuten köcheln lassen.

4| Nach ca. 30 Minuten Garzeit die Kabanossi und das Tomatenmark dazugeben und unterrühren. Zum Schluss den Eintopf mit Salz und Pfeffer abschmecken.

Tipp:

Wie so oft in der regionalen und Länderküche gibt es auch bei Bigos verschiedene Variationen. So können Sie z. B. statt Weißkraut auch Wirsing verwenden. Häufig werden getrocknete Pilze oder Trockenpflaumen hinzugefügt. Auch bei der Wahl der Fleisch- und Wurstsorte können Sie variieren.

„Bist du alleine hier?“ – „Jesteś tutaj ♂ sam/♀ sama?“ | „Möchtest du tanzen?“ – „Chcesz tańczyć?“ | „Ich möchte nur etwas trinken.“ – „♂ Chciałbym/♀ Chciałabym się tylko czegoś napić.“

Bohneneintopf Fasolówka

Schwierigkeitsgrad: einfach | **Portionen:** 4 | **Arbeitszeit:** 140 Minuten, plus 12 Stunden Einweichzeit

Auch dieses Rezept ist eines der typischen polnischen Wintergerichte: deftig, sättigend und wärmend, dabei aber auch ungemein schmackhaft. Bereiten Sie gleich die doppelte Menge zu – der Eintopf schmeckt auch noch am nächsten Tag hervorragend.

Zutaten

100 g weiße Bohnen
100 g Wachtelbohnen
150 g durchwachsener Speck
1 Stange Lauch
2 Karotten
100 g Sellerie
1 Zwiebel
2 Knoblauchzehen
1 EL Öl
1,5 l Fleischbrühe
2 Zweige Bohnenkraut
200 ml süße Sahne
4 Paar Kabanossi
Salz, Pfeffer

Zubereitung

1| Die Bohnen über Nacht in reichlich kaltem Wasser einweichen.

2| Den Speck in feine Würfel schneiden. Den Lauch putzen, längs halbieren, waschen und in Streifen schneiden. Die Karotten und den Sellerie schälen, den Sellerie in Würfel und die Karotten in Scheiben schneiden. Die Zwiebel und den Knoblauch abziehen und fein hacken.

3| Das Öl in einem Topf erhitzen. Die Zwiebel, den Knoblauch und den Speck darin anbraten.

4| Die eingeweichten Bohnen abgießen und ebenfalls in den Topf geben. Mit der Brühe auffüllen und ca. 1 ½ Stunden köcheln lassen. Das Gemüse und das Bohnenkraut in die Suppe geben und die Sahne unterrühren. Für 30 Minuten weitergaren.

5| Die Kabanossi auf die Bohnensuppe legen und heiß werden lassen. Die Suppe mit Salz und Pfeffer abschmecken, auf Teller verteilen und heiß servieren.

Schon gewusst?

Die traditionelle polnische Rohwurstsorte *Kabanosy* entstand in den 1920er-Jahren. Sie wird aus gepökeltem Schweinefleisch hergestellt und heiß geräuchert. Dafür wird das Fleisch von speziell gemästeten Schweinen verwendet.

„Wo treffen wir uns?" – „Gdzie się spotkamy?" | „Was machen wir heute?" – „Co robimy dzisiaj?" | „Um wie viel Uhr?" – „O której godzinie?"

Gefüllte Kohlrouladen
Gołąbki z ryżem i mięsem

Schwierigkeitsgrad: mittel | **Portionen:** 4–6 | **Arbeitszeit:** 130 Minuten

Die in Polen äußerst beliebten Kohlrouladen werden gerne während der Weihnachtstage oder zu anderen festlichen Gelegenheiten, wie z. B. Hochzeiten, serviert. Auch bei Familienzusammenkünften kommen sie oft auf den Tisch.

Zutaten

Für die Rouladen:
100 g Reis
2 Zwiebeln
½ TL Thymian
700 g Hackfleisch
1 Weißkohl
Salz, Pfeffer

Für die Soße:
1,5 l Gemüsebrühe
600 g passierte Tomaten
1 EL Mehl
1 TL Oregano
½ TL Paprikapulver
Salz, Pfeffer

Tipp:

Zur Soße kann man nach Geschmack auch noch etwas süße Sahne dazugeben.

Zubereitung

1| Den Reis nach Packungsanleitung kochen und abkühlen lassen. Die Zwiebeln abziehen und reiben. Den abgekühlten Reis, die Zwiebeln und den Thymian mit dem Hackfleisch vermischen und mit Salz und Pfeffer würzen. Aus der Mischung längliche Frikadellen formen.

2| Den Strunk aus dem Kohlkopf herausschneiden und die Blätter ablösen. Die Blätter in kochendem Wasser ca. 3 Minuten blanchieren. Aus dem Topf nehmen und abkühlen lassen.

3| Auf jeweils ein Kohlblatt eine Frikadelle legen, die Seiten einschlagen, aufrollen und mit Küchengarn fixieren.

4| Einige der verbliebenen Kohlblätter auf den Boden eines großen, breiten Topfes legen. Darauf die Krautrouladen schichten und mit der Brühe aufgießen. Ca. 50–60 Minuten köcheln lassen, bis die Rouladen weich geworden sind. Nicht umrühren, sondern die Rouladen nur vorsichtig mit dem Topf hin und her bewegen.

5| Die Rouladen aus dem Topf herausnehmen und die passierten Tomaten zur Brühe geben. Das Mehl mit etwas kaltem Wasser verrühren und unter die Soße rühren. Alles aufkochen lassen, den Oregano und das Paprikapulver dazugeben und mit Salz und Pfeffer würzen. Für weitere 10 Minuten kochen lassen und dann die Kohlrouladen dazugeben. Noch einmal kurz erwärmen.

6| Das Küchengarn entfernen und die Rouladen mit Salzkartoffeln oder Brot als Beilage servieren.

„Hast du heute Zeit?" – „Masz dzisiaj czas?" | „Wollen wir heute Abend zusammen essen?" – „Zjemy dzisiaj razem kolację?" | „Lass uns das zusammen machen!" – „Zróbmy to razem!"

Tipp:
Wer die manchmal etwas blähende Wirkung von Wirsing fürchtet, kann ein wenig Kümmel oder Fenchelsamen hinzufügen. Dadurch wird Kohl bekömmlicher.

Gedämpfte Wirsingtorte
Zapiekanka z kapusty włoskiej

Schwierigkeitsgrad: mittel | Portionen: 4–6 | Arbeitszeit: 70 Minuten

Diese kräftige und gesunde Torte ist ideal, wenn Gäste erwartet werden: Sie lässt sich gut vorbereiten, kann nach Belieben als Vorspeise für 6 oder als Hauptspeise für 4 Personen dienen und ist sowohl optisch als auch kulinarisch ein Highlight.

Zutaten

Für die Torte:
700 g Wirsing
1 Stange Lauch
2 EL Butter
3 Scheiben Toastbrot
70 ml saure Sahne
3 Eier
Muskat
Salz, Pfeffer

Für den Belag:
2 Eier
½ Bund Dill
3 Scheiben Toastbrot
50 g Butter
Muskat
Salz, Pfeffer

Außerdem:
Fett für die Form

Zubereitung

1| Den Wirsing und den Lauch putzen, waschen und in einer Küchenmaschine zerkleinern. Die Butter in einem Topf schmelzen und das Gemüse ca. 5 Minuten darin anbraten.

2| Das Toastbrot in einer Küchenmaschine zerkleinern und mit dem Wirsing, dem Lauch, der sauren Sahne und den Eiern vermischen. Mit Muskat, Salz und Pfeffer abschmecken.

3| Eine Springform einfetten. Die Wirsingmischung hineingeben, festdrücken und mit Alufolie bedecken. Einen Topf mit Dämpfeinsatz mit Wasser füllen. Die Springform hineinstellen, dabei sollte die Torte nicht im Wasser stehen. Die Torte ca. 40 Minuten dämpfen und wenn nötig, Wasser nachfüllen.

4| Für den Belag die Eier hart kochen, pellen und klein hacken. Den Dill waschen, trocken schütteln und zerkleinern. Das Toastbrot in kleine Würfel schneiden.

5| Die Butter in einer Pfanne schmelzen und die Toastbrotwürfel darin anbräunen. Die Brotwürfel mit den gehackten Eiern und dem Dill vermischen. Mit Muskat, Salz und Pfeffer würzen. Die Wirsingtorte aus der Form lösen. Den Belag darüber verteilen und die Torte servieren.

Tipp:

Falls Sie keinen Topf mit Dämpfeinsatz besitzen, können Sie, um die Torte zu dämpfen, einen großen Wok verwenden. Stellen Sie auf den Boden ein kleines Porzellanschälchen, um genügend Abstand zwischen Springform und Boden zu erhalten.

„Ich habe schon etwas vor!" – „Mam już coś zaplanowane!" | „Ich warte auf jemanden." – „Czekam na kogoś." | „Ich weiß noch nicht." – „Jeszcze nie wiem."

Gefüllter Hackbraten

Klops nadziewany

Schwierigkeitsgrad: mittel | Portionen: 4–6 | Arbeitszeit: 120 Minuten

Hackbraten ist ein Gericht, das sich in vielen Ländern großer Beliebtheit erfreut. Aber die Variante mit Paprikawurst ist typisch für Polen, vor allem in Kombination mit dem dort heiß geliebten Sauerkraut.

Zutaten

Für den Hackbraten:
2 altbackene Brötchen
2 Zwiebeln
3 Knoblauchzehen
1 Bund Petersilie
1 kg Hackfleisch
1 Ei
1 Paprikawurst
2 EL Butterschmalz
250 ml Fleischbrühe
Salz, Pfeffer

Für den Salat:
2 Karotten
1 Zwiebel
500 g Sauerkraut
2 EL Weißweinessig
3 EL Pflanzenöl
Salz, Pfeffer

Tipp:

Verwenden Sie für den Hackbraten am besten gemischtes Hackfleisch aus Rind- und Schweinefleisch, dann bleibt der Braten saftig.

Zubereitung

1| Den Backofen auf 180 °C (Umluft 160 °C) vorheizen.

2| Die Brötchen in lauwarmem Wasser einweichen. Die Zwiebeln und die Knoblauchzehen abziehen und fein hacken. Die Petersilie abbrausen, trocken schütteln, die Blätter von den Stielen zupfen und fein hacken.

3| Das Hackfleisch mit den ausgedrückten Brötchen, den Zwiebeln, dem Knoblauch, der Petersilie und dem Ei vermischen. Mit Salz und Pfeffer würzen.

4| Aus der Hackfleischmasse einen Laib formen und dabei in der Mitte die ganze Paprikawurst einarbeiten.

5| Den Butterschmalz in einem Topf erhitzen und den Hackbraten darin anbraten. Mit der Fleischbrühe aufgießen und im vorgeheizten Backofen ca. 90 Minuten garen. Dabei immer wieder mit der Flüssigkeit begießen.

6| Für den Salat die Karotten putzen, schälen und fein raspeln. Die Zwiebel abziehen und fein hacken. Das Sauerkraut mit den Karotten, der Zwiebel, dem Essig und dem Öl vermischen, mit Salz und Pfeffer abschmecken.

7| Den Sauerkrautsalat auf Tellern verteilen. Den Hackbraten in Scheiben schneiden, jeweils zwei Scheiben auf den Salat legen und servieren.

„Wie viel kostet das?“ – „Ile to kosztuje?“ | „Ist das teuer?“ – „Jest to drogie?“ | „Das ist preiswert und gut!“ – „To jest tanie i dobre!“

Tipp:

Statt des Sauerkrautsalats können Sie zu dem Hackbraten auch gekochtes Sauerkraut servieren. Dazu passen Salzkartoffeln.

Hackfleischbällchen mit Graupen
Pulpety z kaszą

Schwierigkeitsgrad: mittel | Portionen: 4 | Arbeitszeit: 70 Minuten

Die Deutschen lieben ihre Buletten, die Schweden ihre Köttbullar, die Engländer ihre Meatballs – und die Polen ihre Pulpety! Hackfleischbällchen sind bei Jung und Alt gleichermaßen beliebt und nicht nur auf Partys der Hit!

Zutaten

Für die Hackfleischbällchen:
200 g Graupen
1 Zwiebel
½ Bund Petersilie
500 g Hackfleisch
1 Ei
150 g Semmelbrösel
2 EL Öl
Salz, Pfeffer

Für den Rosenkohl:
500 g Rosenkohl
1 EL Butter
Salz, Pfeffer

Zubereitung

1| Die Graupen in reichlich Salzwasser ca. 45 Minuten kochen und dann in ein Sieb abschütten.

2| Die Zwiebel abziehen und in kleine Würfel schneiden. Die Petersilie abbrausen und trocken schütteln, die Blätter von den Stielen zupfen und hacken.

3| Aus dem Hackfleisch, den Graupen, der Zwiebel, der Petersilie und dem Ei eine Fleischmasse herstellen und diese mit Salz und Pfeffer würzen. Aus der Fleischmasse ca. 5 cm dicke Bällchen formen und in den Semmelbröseln wälzen.

4| Den Rosenkohl putzen. Die Butter in einem Topf schmelzen und den Rosenkohl hineingeben. Mit etwas Wasser aufgießen, ca. 10 Minuten dünsten und mit Salz und Pfeffer würzen.

5| Das Öl in einer Pfanne erhitzen. Die Fleischbällchen hineingeben, platt drücken und von beiden Seiten ca. 5 Minuten braten. Die Hackfleischbällchen zusammen mit dem Rosenkohl servieren.

Schon gewusst?

Graupen bestehen aus geschälten und polierten Gersten- oder Weizenkörnern. Sie sind leichter verdaulich als die ungeschälten Körner.

„Ist dieser Platz frei?" – „Jest te miejsce wolne?" | „Das ist mein Platz!" – „To jest moje miejsce!" | „Dieser Platz ist besetzt!" – „To miejsce jest zajęte!"

Tipp:

In Polen isst man die Klößchen auch gerne in einer sahnigen Soße – natürlich mit frischen oder getrockneten Waldpilzen.

Wildschweingulasch

Gulasz z dzika

Schwierigkeitsgrad: einfach | Portionen: 4 | Arbeitszeit: 90 Minuten

Polen ist ein Land mit ausgedehnten Wäldern und einem entsprechend großen Wildbestand. Deshalb kommt hier Wildbret recht häufig auf den Tisch. Aus der Kombination mit den ebenso beliebten Pilzen entstand dieses köstliche Gericht.

Zutaten

500 g Zwiebeln
2 Knoblauchzehen
½ Bund Majoran
250 g Champignons
2 EL Bratfett
700 g Wildschweingulasch
4 EL edelsüßes Paprikapulver
1 EL scharfes Paprikapulver
500 ml Fleischbrühe
500 ml helles Bier
½ TL Kümmel
1 EL Senf
Salz, Pfeffer

Zubereitung

1| Die Zwiebeln und die Knoblauchzehen abziehen und in Würfel schneiden. Den Majoran abbrausen, trocken schütteln und die Blätter von den Stielen zupfen. Die Champignons putzen, nicht waschen, da sie sich sonst mit Wasser vollsaugen, und in Scheiben schneiden.

2| Das Bratfett in einem Topf erhitzen, die Zwiebeln hineingeben und anbraten, bis sie braun sind. Das Wildschweingulasch zu den Zwiebeln geben und ebenfalls kräftig anbraten.

3| Beide Paprikapulversorten darüber streuen und mit der Fleischbrühe und dem Bier ablöschen.

4| Den Knoblauch, den Majoran, den Kümmel und den Senf darunter rühren, alles vermischen und bei geschlossenem Deckel ca. 60 Minuten köcheln lassen.

5| Die Champignons ca. 10 Minuten vor Ende der Garzeit dazugeben und unterrühren. Zum Schluss das Gulasch mit Salz und Pfeffer abschmecken und servieren.

Schon gewusst?

Regionales Wildfleisch hat viele Vorzüge gegenüber dem Fleisch aus konventioneller Massentierhaltung: Es ist quasi von Natur aus Biofleisch, da die Tiere wild leben und weder Medikamente noch industrielle Futtermittel bekommen.

„Mir ist schlecht!“ – „Czuję się źle!“ | „Hast du ein Mittel gegen Kopfschmerzen?“ – „Masz tabletki od bólu głowy?“ | „Öffnest du bitte das Fenster?“ – „Możesz otworzyć okno?“

Falsche Schnitzel
Kotlet pożarski

Schwierigkeitsgrad: einfach | Portionen: 4 | Arbeitszeit: 50 Minuten

Polen gehörte noch nie zu den reichen Ländern, weshalb früher die Resteverwertung ein wichtiger Aspekt der Regionalküche war – und es teilweise noch heute ist. Für das falsche Schnitzel werden Reste eines Bratens zu einer neuen, delikaten Speise verarbeitet.

Zutaten

Für die Schnitzel:
500 g Bratenreste
1 Zwiebel
½ Bund Petersilic
1 EL Butter
1 Ei
3 EL Paniermehl
3 EL Butterschmalz
Salz, Pfeffer

Für die Panade:
2 Eier
150 g Paniermehl

Zubereitung

1| Die Bratenreste sehr fein hacken oder in einer Küchenmaschine zerkleinern. Die Zwiebel abziehen und in kleine Würfel schneiden. Die Petersilie abbrausen, trocken schütteln und klein hacken.

2| Die Butter in einer Pfanne schmelzen und die Zwiebel darin anbraten.

3| Aus den Bratenresten, den Zwiebelwürfeln, der Petersilie, dem Ei und dem Paniermehl eine Masse kneten und mit Salz und Pfeffer würzen. Aus der Masse vier gleich große Schnitzel formen.

4| Die Eier in einen tiefen Teller aufschlagen und verquirlen. Das Paniermehl ebenfalls in einen tiefen Teller füllen. Zum Panieren die Schnitzel zuerst im Ei und dann im Paniermehl wenden.

5| Das Butterschmalz in einer Pfanne erhitzen und die Schnitzel darin von beiden Seiten goldbraun anbraten.

Tipp:

Dazu passt sehr gut ein knackiger Salat aus hellem und dunklem Eichblattsalat und Tomatenachteln. Bereiten Sie eine Soße aus Essig, Öl, Salz, Pfeffer und ein wenig Senf zu.

„Bist du sehr müde?" – „Jesteś bardzo ♂ zmęczony/♀ zmęczona?" | „Deine Wohnung gefällt mir!" – „Podoba mi się twoje mieszkanie!" | „Du kannst hier gerne übernachten!" – „Możesz tutaj przenocować!"

Tipp:

In manchen Metzgereien kann man den bereits in Teig gehüllten Schinken bestellen – und braucht ihn dann zu Hause nur noch in den Ofen zu schieben.

Schinken im Teigmantel
Szynka w cieście

Schwierigkeitsgrad: mittel | Portionen: 6 | Arbeitszeit: 150 Minuten

Dieses klassische polnische Osterrezept stammt aus dem Weichseldelta. Dort hatten früher die Bauern ihre eigenen Brotbacköfen, worin der Schinken im Brotteig besonders gut gelang.

Zutaten

42 g frische Hefe (1 Würfel)
1 Prise Zucker
1 kg Roggenmehl
1 TL Salz
1 kg Kasseler

Außerdem:
Mehl für die Arbeitsfläche und zum Verkneten

Zubereitung

1| Die Hefe mit dem Zucker in 500 ml lauwarmem Wasser verrühren, bis sich die Hefe aufgelöst hat. In einer großen Schüssel das Roggenmehl, das Salz und die Hefemischung zu einem Teig verarbeiten. Mit einem Handtuch abdecken und an einem warmen Ort gehen lassen.

2| Den Backofen auf 180 °C (Umluft 160 °C) vorheizen und ein Backblech mit Backpapier auskleiden.

3| Wenn der Teig bis zur doppelten Größe aufgegangen ist, nochmals gut durchkneten und dann auf einer bemehlten Arbeitsfläche ausrollen.

4| Das Kasseler darauflegen und mit dem Teig ummanteln. Den Schinken im Teigmantel so auf das Backblech setzen, dass die Teignaht unten ist. Aus dem restlichen Teig Streifen schneiden und diese dekorativ auf dem Schinken anordnen.

5| Die Oberfläche mit Wasser bestreichen und den Schinken im Teigmantel im vorgeheizten Backofen ca. 90 Minuten garen. Aus dem Ofen nehmen, leicht abkühlen lassen, in Scheiben schneiden und servieren.

Tipp:

Dazu passt eine Meerrettichsoße, wie im Rezept auf Seite 26 beschrieben. Verwenden Sie aber statt der Zungenbrühe die gleiche Menge Fleischbrühe.

„Möchtest du einen Espresso?“ – „Chcesz espresso?“ | „Ein Glas Mineralwasser, bitte!“ – „Proszę szklankę wody mineralnej!“ | „Ich hätte gerne eine Tasse Kaffee.“ – „♂ Chciałbym/♀ Chciałabym filiżankę kawy.“

Fruchtige Fleischspieße
Szaszłyki w owocowej marynacie

Schwierigkeitsgrad: mittel | Portionen: 4 | Arbeitszeit: 40 Minuten, plus 1–2 Stunden Marinierzeit

Diese Variante des Schaschliks erhält ihr besonderes Aroma durch das Hinzufügen von Backpflaumen und ist stark inspiriert von der Nähe zur Ukraine, einem der Ursprungsländer des Schaschliks.

Zutaten

Für die Spieße:
500 g Schweinefilet
200 g Räucherspeck
50 g Mandeln
150 g Backpflaumen
8 Schalotten
2 EL Bratfett

Für die Marinade:
3 EL Rotweinessig
3 EL Tomatenmark
3 EL Honig
2 Zweige Rosmarin
1 Zweig Salbei
Salz, Pfeffer

Außerdem:
Schaschlik-Spieße

Zubereitung

1| Das Schweinefleisch in ca. 3 cm dicke Stücke schneiden. Den Räucherspeck in Scheiben und dann in Stücke schneiden.

2| Die Mandeln mit kochendem Wasser übergießen, etwas warten und dann die Haut entfernen. Die Backpflaumen mit je einer Mandel füllen. Die Schalotten abziehen und vierteln.

3| Abwechselnd das Schweinefleisch, den Speck, die Schalotten und die gefüllten Backpflaumen auf Spieße stecken und diese in eine geeignete Schüssel legen.

4| 150 ml Wasser leicht erhitzen, den Rotweinessig, das Tomatenmark und den Honig hineinrühren. Den Rosmarin und den Salbei auf die Spieße legen und die Marinade darüber gießen. Das Ganze ca. 1–2 Stunden marinieren.

5| Die Spieße aus der Marinade nehmen, abtropfen lassen und mit Salz und Pfeffer würzen.

6| Das Bratfett in einer Pfanne erhitzen. Die Spieße von allen Seiten darin anbraten und mit der Marinade aufgießen. Die Spieße ca. 10 Minuten in der Flüssigkeit garen lassen.

Tipp:

Statt Backpflaumen können Sie für die Spieße auch getrocknete Feigen verwenden. Diese werden dann aber nicht mit Mandeln gefüllt.

„Danke für die Einladung!" – „Dziękuję za zaproszenie!" | „Guten Appetit!" – „Smacznego!" | „Zum Wohl!" – „Na zdrowie!"

Gedünsteter Hase Duszony zając

Schwierigkeitsgrad: mittel | Portionen: 4–6 | Arbeitszeit: 120 Minuten

Auch bei diesem Festtagsgericht vereinen sich zwei Lieblingszutaten der polnischen Küche: das Wild und die Rote Bete. Sie gehen hier eine Liaison ein, die in einem wahren Gaumenschmaus gipfelt!

Zutaten

1 küchenfertiger Hase, ca. 1,5 kg (oder ein Kaninchen)
4 EL Mehl
2 EL Butterschmalz
500 ml herber Rotwein
250 g Feigen

Für das Gemüse:
600 g Rote Bete
3 Äpfel
2 EL Butter
2 EL Mehl
300 ml Fleischbrühe
Saft einer Zitrone
Salz, Pfeffer

Zubereitung

1| Den Hasen unter fließend kaltem Wasser waschen, mit Küchenkrepp trocken tupfen und zerteilen. Mit Salz und Pfeffer würzen und mit dem Mehl bestäuben.

2| Das Butterschmalz in einem Topf erhitzen und die Hasenteile kräftig darin anbraten. Den Rotwein dazugießen, die Feigen hinzufügen und bei geschlossenem Deckel ca. 90 Minuten dünsten.

3| Die Rote Bete mit einer Bürste säubern und in reichlich Salzwasser ca. 45 Minuten kochen. Aus dem Wasser nehmen, etwas abkühlen lassen, schälen und in Stifte schneiden. Da Rote Bete sehr stark färbt, sollten Sie beim Schälen und Schneiden Haushaltshandschuhe tragen. Wenn Sie keine besitzen und Ihre Hände rot gefärbt sind, hilft es, sie sofort mit Zitronensaft abzureiben.

4| Die Äpfel waschen, mit Küchenkrepp trocken tupfen und bis auf das Kerngehäuse raspeln.

5| Die Butter in einem Topf schmelzen. Unter Rühren das Mehl hineinstäuben, mit der Brühe aufgießen und einmal aufkochen lassen. Die Rote Bete und die geraspelten Äpfel in die Soße geben. Mit dem Zitronensaft, Salz und Pfeffer abschmecken.

6| Die Hasenteile aus der Soße nehmen. Die Soße mit Salz und Pfeffer abschmecken und die Hasenteile wieder in die Soße legen.

7| Das Gemüse auf Tellern anrichten, die Hasenteile auf das Gemüse legen und servieren.

„Wann ist das Essen fertig?“ – „Kiedy jedzenie będzie gotowe?“ | „Ich habe großen Hunger!“ – „Jestem bardzo ♂ głodny/♀ głodna!“ | „Das riecht sehr gut!“ – „To pachnie bardzo dobrze!“

Lammbraten

Pieczeń z jagnięcia

Schwierigkeitsgrad: mittel | **Portionen: 4–6** | **Arbeitszeit: 90 Minuten, plus 24 Stunden Beizzeit**

Lamm ist auch in Polen ein traditionelles Gericht für die Osterfeiertage. Vor allem die Region rund um Zakopane ist bekannt für ihre Gerichte aus Lammfleisch. Dieser Lammbraten mit Gurkengemüse ist unwiderstehlich!

Zutaten

Für den Braten:
1 kg Lammfleisch
1 l Buttermilch
1 Karotte
1 Zwiebel
2 Knoblauchzehen
½ Stange Lauch
2 EL Bratfett
2 Zweige Rosmarin
500 ml Fleischbrühe
Salz, Pfeffer

Für das Gemüse:
2 Salatgurken
1 Zwiebel
1 Bund Schnittlauch
1 EL Butter
1 Becher saure Sahne
Zucker
Salz, Pfeffer

Zubereitung

1| Das Lammfleisch in eine Schüssel legen, mit der Buttermilch übergießen und ca. 24 Stunden beizen.

2| Den Backofen auf 180 °C (Umluft 160 °C) vorheizen.

3| Die Karotte schälen und grob zerteilen. Die Zwiebel und die Knoblauchzehen abziehen und grob zerkleinern. Den Lauch der Länge nach halbieren, waschen und in ca. 3 cm dicke Stücke schneiden.

4| Das Lammfleisch aus der Buttermilch herausnehmen, unter fließend kaltem Wasser abwaschen, mit Küchenkrepp trocken tupfen und mit Salz und Pfeffer würzen.

5| Das Bratfett in einem Topf erhitzen und das Lammfleisch von allen Seiten darin anbraten. Die Karotten, die Zwiebel, den Knoblauch und den Lauch um das Fleisch herum verteilen. Den Rosmarin dazugeben und mit der Fleischbrühe aufgießen. Im vorgeheizten Backofen ca. 60 Minuten garen, dabei ab und zu begießen.

6| Die Salatgurken schälen, halbieren, entkernen und in Scheiben schneiden. Die Zwiebel abziehen und fein hacken. Den Schnittlauch abbrausen und in Röllchen schneiden.

7| Die Butter in einem Topf schmelzen, die Zwiebel darin anbraten und die Gurkenstücke dazugeben, ca. 2 Minuten schmoren und mit der sauren Sahne aufgießen.

8| Das Gurkengemüse mit Zucker, Salz und Pfeffer abschmecken. Den Schnittlauch unterziehen und das Gemüse zu dem aufgeschnittenen Lammbraten servieren.

„Was möchtest du essen/trinken?“ – „Co chcesz zjeść/pić?“ | „Ich esse gerne Wild/Geflügel/Rind.“ – „Jem chętnie dziczyznę/drób/wołowinę.“ | „Ich trinke gerne Wein/Bier/Mineralwasser.“ – „Piję chętnie wino/piwo/wodę mineralną.“

Gefüllte Gans Nadziewana gęś

Schwierigkeitsgrad: mittel | Portionen: 6 | Arbeitszeit: ca. 4 Stunden

Wer kennt sie nicht, die berühmten polnischen Gänse? Nicht nur zur Weihnachtszeit sind sie sowohl bei uns als auch in ihrem Ursprungsland eine begehrte Delikatesse.

Zutaten

1 Gans
4 altbackene Brötchen
250 ml Milch
3 Äpfel
1 Bund Petersilie
50 g Rosinen
2 Eier
2 EL Bratfett
100 g Honig
Muskat
Salz, Pfeffer

Außerdem:
Zahnstocher

Zubereitung

1| Den Backofen auf 160 °C (Umluft 140 °C) vorheizen.

2| Die Gans unter fließend kaltem Wasser waschen, eventuell die Innereien entfernen, und mit Küchenkrepp trocken tupfen. Innen und außen mit Salz und Pfeffer würzen.

3| Die Brötchen in Würfel schneiden, die Milch erhitzen und über die Brötchenwürfel gießen. Die Äpfel waschen, mit Küchenkrepp trocken tupfen, vierteln, entkernen und in grobe Stücke schneiden. Die Petersilie abbrausen, trocken schütteln und klein hacken.

4| Aus den eingeweichten Brötchen, den Apfelstücken, den Rosinen, den Eiern und der Petersilie eine Masse herstellen. Mit Muskat, Salz und Pfeffer abschmecken.

5| Die Gans mit der hergestellten Masse füllen und mit Zahnstochern verschließen.

6| Das Bratfett in einem großen Bräter schmelzen, die Gans hineinsetzen und im vorgeheizten Backofen, je nach Größe, ca. 3–4 Stunden garen. Die Gans während der Garzeit mit dem Honig einpinseln und immer wieder mit dem austretenden Fett übergießen.

7| Die Gans zerteilen, die Füllung vorsichtig herausnehmen und in Scheiben geschnitten servieren. Dazu passen Kartoffelklöße und Rotkohl.

Tipp:

Beim Garen der Gans gilt als Richtwert: pro Kilogramm Gewicht knapp eine Stunde Garzeit!

„Ich esse kein Fleisch." – „Nie jem mięsa." | „Ich trinke keinen Alkohol." – „Nie piję alkoholu." | „Dagegen bin ich allergisch." – „Mam na to alergią."

Gänseragout mit Pilzsoße
Ragout z gęsi z sosem grzybowym

Schwierigkeitsgrad: mittel | **Portionen: 4** | **Arbeitszeit: 100 Minuten**

Wenn im Spätsommer und Herbst die Pilzsammler in den polnischen Wäldern ausschwärmen, machen sie meist reiche Beute – und bereiten daraus ein Pilzgericht wie dieses zu.

Zutaten

400 g Pilze (Steinchampignons, Steinpilze, Pfifferlinge usw.)
1 Karotte
1 Zwiebel
½ Stange Lauch
½ Bund Petersilie
750 g Gänsekeulen
4 Pimentkörner
2 Lorbeerblätter
2 EL Butter
2 EL Mehl
250 ml süße Sahne
Salz, Pfeffer

Zubereitung

1| Die Pilze putzen, nicht waschen, da sie sich sonst mit Wasser vollsaugen, und in Scheiben schneiden. Die Karotte schälen und grob zerteilen. Die Zwiebel abziehen und in grobe Stücke schneiden. Den Lauch längs halbieren, waschen und in ca. 3 cm dicke Ringe schneiden. Die Petersilie abbrausen, trocken schütteln und hacken.

2| Die Gänsekeulen unter fließend kaltem Wasser waschen und mit Küchenkrepp trocken tupfen. Mit dem vorbereiteten Gemüse, der Petersilie, den Pimentkörnern und den Lorbeerblättern in einen Topf geben. Mit so viel Wasser aufgießen, dass alles bedeckt ist. Die Gänsekeulen ca. 60 Minuten köcheln.

3| Wenn die Gänsekeulen gar sind, aus der Flüssigkeit nehmen, das Fleisch von den Knochen lösen und in mundgerechte Stücke zerteilen.

4| Die Butter in einem Topf schmelzen, unter Rühren das Mehl darüber stäuben und mit der Hälfte der Kochflüssigkeit aufgießen.

5| Das abgelöste Gänsefleisch und die Pilze in die Soße geben. Die Sahne unterrühren und mit Salz und Pfeffer abschmecken.

6| Das Gänseragout mit Reis servieren.

Tipp:

Achten Sie beim Kauf von Geflügel darauf, dass die Tiere aus artgerechter Haltung stammen. Das ist bei Gänsen aus Polen, die man hierzulande im Supermarkt kaufen kann, leider oft nicht der Fall.

„Möchtest du noch etwas hiervon?" – „Chcesz jeszcze trochę tego?" | „Ja, gerne!" – „Tak, chętnie!" | „Danke, ich bin satt!" – „Dziękuję, jestem ♂ syty/♀ syta!"

Gänseragout mit Pilzsoße – Ragout z gęsi z sosem grzybowym

Perlhuhn auf altpolnische Art
Perliczka po staropolsku

Schwierigkeitsgrad: mittel | Portionen: 4 | Arbeitszeit: 90 Minuten

Das Perlhuhn ist eine ganz besondere Spezialität. Geschmacklich liegt es zwischen Wild und Geflügel, es lässt sich auf vielfältige Art zubereiten und gesund ist es auch – eine willkommene Alternative zur recht üppigen polnischen Gans.

Zutaten

1 Perlhuhn
1 Karotte
½ Stange Lauch
2 EL Bratfett
10 Hagebutten
150 g Hagebuttenmarmelade
1 Zweig Salbei
200 ml herber Weißwein
Salz, Pfeffer

Zubereitung

1| Den Backofen auf 180 °C (Umluft 160 °C) vorheizen.

2| Das Perlhuhn unter fließend kaltem Wasser waschen und mit Küchenkrepp trocken tupfen. Außen und innen mit Salz und Pfeffer kräftig würzen.

3| Die Karotte schälen und in etwas dickere Scheiben schneiden. Den Lauch längs halbieren, waschen und grob zerteilen.

4| Das Bratfett in einem Topf erhitzen und das Perlhuhn von allen Seiten anbraten.

5| Die Hagebutten, die Hagebuttenmarmelade, die Karottenscheiben, den Lauch und den Salbei dazugeben, mit dem Weißwein aufgießen und im vorgeheizten Backofen ca. 60 Minuten garen.

6| Das Perlhuhn aus dem Topf nehmen und zerteilen. Mit dem Gemüse und der entstandenen Soße auf einer Platte anrichten und servieren.

Schon gewusst?

Das Perlhuhn war ursprünglich ein afrikanischer Wildvogel, der erst vor ca. 60 Jahren in Südeuropa, vor allem in Frankreich, domestiziert wurde. Die meisten Perlhühner kommen auch heute noch aus Frankreich.

„Das Essen schmeckt sehr gut!" – „To jedzenie smkuje bardzo dobrze!" | „Danke, ich bevorzuge Bier." – „Dziękuję wolę bardziej piwo." | „Noch ein Glas Weiß-/Rotwein?" – „Jeszcze lampkę białego/czerwonego wina?"

Ente auf Wildart

Kaczka na dziko

Schwierigkeitsgrad: mittel | Portionen: 4 | Arbeitszeit: 2,5 Stunden, plus 1–2 Tage Beizzeit

Ente ist in Polen ein ähnlich beliebtes Gericht wie Gans und wird gerne an Festtagen serviert. Dieses Rezept verwendet eine Beize, wodurch das Fleisch besonders zart wird, und verzichtet auf die sonst übliche Füllung aus Äpfeln – zugunsten des puren Genusses!

Zutaten

1 Ente
40 g Bratfett
Salz, Pfeffer

Für die Beize:
200 g Suppengrün (Karotten, Sellerie, Lauch)
5 Wacholderbeeren
5 Pfefferkörner
5 Pimentkörner
2 Nelken
1 Lorbeerblatt
250 ml Weinessig

Tipp:

Wenn Sie die Ente schön knusprig haben wollen, dann erhöhen Sie während der letzten 10 Minuten die Temperatur auf 200 °C. Zu der Ente schmeckt Rotkohl mit Äpfeln oder Rotkohlsalat.

Zubereitung

1| Die Ente unter fließend kaltem Wasser waschen, eventuell die Innereien entfernen, und mit Küchenkrepp trocken tupfen.

2| Die Karotten und den Sellerie schälen und in grobe Stücke schneiden. Den Lauch längs halbieren, waschen und in ca. 3 cm dicke Ringe schneiden. Die Gewürze mit einem breiten Messer zerdrücken.

3| Für die Beize 500 ml Wasser mit den Gewürzen aufkochen, etwas abkühlen lassen und den Weinessig unterrühren.

4| Die Ente in ein geeignetes Gefäß legen. Das zerkleinerte Suppengrün dazugeben und mit der Beize übergießen. Die Ente sollte je nach Alter 1–2 Tage in der Beize liegen, dabei die Ente mehrmals wenden.

5| Den Backofen auf 160 °C (Umluft 140 °C) vorheizen.

6| Die Ente aus der Beize nehmen, mit Küchenkrepp trocken tupfen und mit Salz und Pfeffer würzen.

7| Das Bratfett in einem Bräter verteilen und die Ente hineinlegen. Mit einem Schaumlöffel das Wurzelwerk aus der Beize nehmen und zu der Ente dazugeben. Die Hälfte der Beize dazugießen und die Ente im vorgeheizten Backofen ca. 2 Stunden garen. Die restliche Beize immer wieder zugeben bzw. die Ente damit übergießen.

„Das Essen macht durstig!“ – „Po tym jedzeniu mam pragnienie!“ | „Das ist ganz besonders gut!“ – „To jest szczególnie dobre!“ | „Ich möchte gerne noch hiervon.“ – „♂ Chciałbym/♀ Chciałabym jeszcze trochę tego.“

Polnischer Karpfen
Karp po polsku

Schwierigkeitsgrad: mittel | **Portionen:** 4–6 | **Arbeitszeit:** 75 Minuten

Ein Karpfen ist das Nonplusultra auf dem gedeckten Weihnachtstisch in Polen! In vielen Familien ist es immer noch Tradition, dass er in der heimischen Badewanne geschwommen sein muss. Wir empfehlen allerdings den Kauf eines professionell geschlachteten Karpfens.

Zutaten

2 Zitronen
1 Karpfen (ca. 2 kg)
2 Karotten
100 g Sellerie
4 Schalotten
50 g Honig
200 g durchwachsener Speck, in Scheiben geschnitten
50 g Butter
200 ml Weißwein
Salz, Pfeffer

Zubereitung

1| Den Backofen auf 160 °C (Umluft 140 °C) vorheizen.

2| Die Zitronen halbieren und auspressen. Den Karpfen waschen, eventuelle Schuppen entfernen und trocken tupfen.

3| Den Fisch in der Bauchhöhle mit dem Zitronensaft bestreichen und mit Salz und Pfeffer würzen.

4| Die Karotten und den Sellerie schälen und grob zerkleinern. Die Schalotten abziehen und ebenfalls in grobe Stücke schneiden.

5| In den Bauch des Karpfens eine geeignete Tasse stellen, sodass er stehen bleibt und den Fisch dann in eine Auflaufform stellen.

6| Den Karpfen mit dem Honig einpinseln und die Speckstreifen darüber legen. Das Gemüse in der Auflaufform verteilen und alles mit Salz und Pfeffer würzen. Die Butter und den Wein dazugeben und das Ganze im vorgeheizten Backofen ca. 45 Minuten garen.

Tipp:

Der Karpfen ist gar, wenn seine Augen weiß sind, oder wenn man die Rückenflosse herausziehen kann und kein Fleisch daran hängen bleibt.

„Rauchst du?“ – „Palisz?“ | „Ich rauche nicht mehr.“ – „Już nie palę.“ | „Stört es dich, wenn ich rauche?“ – „Przeszkadza tobie, jeśli zapalę?“

Gedünsteter Karpfen
Duszony karp

Schwierigkeitsgrad: mittel | Portionen: 4 | Arbeitszeit: 60 Minuten

Da in Polen am Heiligabend kein Fleisch gegessen werden darf, ist Karpfen ein wichtiger Bestandteil der traditionellen 12 Speisen (für die 12 Apostel). Wer einige Fischschuppen in sein Portemonnaie steckt, hat im neuen Jahr angeblich immer Geld!

Zutaten

1 Karpfen (ca. 2 kg)
2 unbehandelte Zitronen
2 Schalotten
1 Karotte
2 Scheiben Schwarzbrot
2 EL Butter
350 ml trockener Weißwein
1 Lorbeerblatt
50 g Rosinen
2 EL Honig
Salz, Pfeffer

Zubereitung

1| Den Karpfen unter fließend kaltem Wasser waschen und etwas abtropfen lassen. Eine der Zitronen auspressen, den Karpfen damit beträufeln und mit Salz und Pfeffer würzen.

2| Die Schalotten abziehen und vierteln. Die Karotte putzen und grob zerkleinern. Die zweite Zitrone heiß abwaschen, längs halbieren und in Spalten schneiden. Die Brotscheiben in kleine Würfel schneiden.

3| Die Butter in einem Bräter schmelzen, die Schalotten, die Karotte und die Brotwürfel darin anbraten.

4| Mit 350 ml Wasser und dem Weißwein ablöschen. Die Zitronenspalten, das Lorbeerblatt, die Rosinen und den Honig dazugeben und mit Salz und Pfeffer würzen.

5| Den Karpfen auf einen Dämpfeinsatz legen und in den Bräter hängen. Bei geschlossenem Deckel ca. 20 Minuten dünsten.

6| Den Karpfen aus dem Topf nehmen. Die entstandene Soße durch ein Sieb abschütten, mit Salz und Pfeffer würzen und zu dem Karpfen reichen.

Tipp:

Servieren Sie den Karpfen mit Salzkartoffeln und einem grünen Salat. In Polen trinkt man ein Gläschen Wodka danach – Fisch muss schließlich schwimmen …

„Ich mache gerade eine Diät." – „Jestem teraz na diecie." | „Ist das vegetarisch?" – „Jest to bezmięsne?/Jest to po wegetariańsku?" | „Das ist ganz schön scharf/süß/sauer!" – „To jest bardzo ostre/słodkie/kwaśne!"

Schon gewusst?

Gefüllte Fischpastete ist ein vor allem bei aschkenasischen Juden beliebtes Feiertagsgericht und heißt im Original „Gefilte Fisch“.

Hecht auf jüdische Art
Szczupak po żydowsku

Schwierigkeitsgrad: mittel | Portionen: 4–6 | Arbeitszeit: 90 Minuten

Die zahlreichen Gewässer Polens sind ein Paradies für Fische – und für Angler. Wer einen großen Hecht an der Angel hat, kann ihn wie in unserem Rezept zubereiten: als Pastete mit einer Füllung aus Roter Bete.

Zutaten

2 Rote Bete
700 g Hechtfleisch
1 Ei
400 g Crème fraîche
250 g süße Sahne
2 EL gestoßenes Eis
Salz, Pfeffer

Außerdem:
Butter für die Form

Zubereitung

1| Den Backofen auf 180 °C (Umluft 160 °C) vorheizen.

2| Die Rote Bete abbürsten und in Salzwasser ca. 40 Minuten kochen. Abkühlen lassen, schälen und in Würfel schneiden. Da Rote Bete sehr stark färbt, sollten Sie beim Schälen und Schneiden Haushaltshandschuhe tragen. Wenn Sie keine besitzen und Ihre Hände rot gefärbt sind, hilft es, sie sofort mit Zitronensaft abzureiben.

3| Eine längliche Pastetenform mit Butter ausstreichen und in den Kühlschrank stellen.

4| Das Hechtfleisch klein schneiden und in einen Mixer geben. Nach und nach das Ei, die Crème fraîche, die Sahne und das Eis dazugeben und alles fein pürieren. Wenn eine Farce entstanden ist, diese durch ein feines Sieb in eine Schüssel streichen, um die Gräten zu entfernen. Mit Salz und Pfeffer abschmecken.

5| Die Pastetenform halb mit der Fischfarce füllen. Die Rote-Bete-Würfel in der Mitte längs darauf verteilen und den Rest der Farce darüber geben. Die Pastetenform ein paar Mal kräftig auf die Arbeitsplatte der Küche aufstoßen, um alle Hohlräume und Luftblasen zu entfernen.

6| Einen Bräter zur Hälfte mit Wasser füllen. Die Pastetenform mit einem Deckel oder Alufolie abdecken und in das Wasser setzen. Im vorgeheizten Backofen ca. 35 Minuten garen.

7| Die Pastetenform aus dem Wasserbad nehmen und erkalten lassen. Die Pastete stürzen, aufschneiden und auf Salat mit Sahnemeerrettich servieren.

„Etwas mehr, bitte!“ – „Proszę trochę więcej!“ | „Kann ich davon etwas probieren?“ – „Mogę tego trochę spróbować?“ | „Was kannst du mir empfehlen?“ – „Co możesz mi polecić?“

Mohnnudeln *Kluski z makiem*

Schwierigkeitsgrad: mittel | Portionen: 4 | Arbeitszeit: 60 Minuten

Mohn gilt in Polen als Symbol des Überflusses – und ist dementsprechend eine beliebte Zutat in Süßspeisen. Gerichte mit Mohn sind meist recht üppig und fügen sich so gut ein in die Reihe nahrhafter, aber auch äußerst schmackhafter Speisen.

Zutaten

Für den Teig:
350 g Weizenmehl
2 Eier
Salz

Für die Mohnsoße:
2 EL Butter
1 Packung backfertige Mohnzubereitung
3 EL Honig
½ TL Zimt

Zubereitung

1| Für den Teig das Mehl mit etwas Salz in eine Schüssel geben. In die Mitte des Mehls eine Vertiefung drücken und die Eier und 150 ml Wasser dazugeben. Alles zu einem glatten Teig verarbeiten. Den Teig in Klarsichtfolie einwickeln und ca. 20 Minuten ruhen lassen.

2| Den Teig auf einer bemehlten Arbeitsfläche dünn ausrollen und dann in schmale Streifen schneiden. Die Nudeln in kochendem Salzwasser ca. 5 Minuten garen.

3| Für die Soße die Butter in einem Topf schmelzen. Die Mohnzubereitung, den Honig und den Zimt dazugeben.

4| Wenn sich der Honig verflüssigt hat, die gekochten Nudeln untermengen und servieren.

Tipp:

Die Mohnzubereitung können Sie auch selbst herstellen: 125 g Mohn mahlen, mit 60 ml Milch und 3 EL Zucker verrühren. In einem Topf 2 EL Butter schmelzen, die Mohnmischung dazugeben und kurz erhitzen.

„Ich brauche eine Gabel/ein Messer/einen Löffel." – „Potrzebuję widelec/nóż/łyżkę." | „Mit Milch, aber ohne Zucker, bitte!" – „Z mlekiem, ale bez cukru, proszę!" | „Hast du Salz und Pfeffer?" – „Masz sól i pieprz?"

Schmalzgebäck *Faworki*

Schwierigkeitsgrad: mittel | **Portionen:** 4–6 | **Arbeitszeit:** 60 Minuten

Dieses Schmalzgebäck ist in Polen sehr beliebt und wird vor allem zu Karneval serviert. Es ähnelt dem bei uns bekannten Raderkuchen und den rheinischen Mutzen und schmeckt am besten frisch, mit viel Puderzucker bestäubt.

Zutaten

Für den Teig:
100 g Weizenmehl
30 g Butter
2 Eigelb

Außerdem:
Öl zum Frittieren
Puderzucker zum Bestreuen

Zubereitung

1| Das Mehl in eine Schüssel sieben und die Butter hineinarbeiten. Mit den Eigelben und 1 Esslöffel Wasser so verkneten, dass ein glatter Teig entsteht. Diesen anschließend 20 Minuten ruhen lassen.

2| Den Teig auf einer bemehlten Arbeitsfläche dünn ausrollen, in 3–4 cm breite Streifen schneiden, diese dann wieder in 10 cm lange Stücke teilen.

3| In jeden Teigstreifen entlang der Mitte einen Schlitz einschneiden. Ein Ende des Teiges durch den Schlitz führen und flach drücken, sodass ein kleiner Knoten entsteht. Die fertigen Teigknoten mit Klarsichtfolie oder einem feuchten Tuch abdecken, damit sie vor dem Frittieren nicht austrocknen!

4| Das Öl in einer Fritteuse oder einem hohen Topf auf ca. 180 °C erhitzen und die Teigknoten darin goldbraun frittieren.

5| Das fertige Schmalzgebäck auf Küchenpapier abtropfen lassen und mit dem Puderzucker bestreut servieren.

Tipp:

Der Name *Faworki* geht auf bunte Bänder zurück, die im Mittelalter die Ritter von ihren Damen erhielten. Später hielt sich der Brauch, indem Paare sich gegenseitig Bänder anhefteten.

„Hörst du gerne Musik beim Essen?“ – „Słuchasz chętnie muzyki przy jedzeniu?“ | „Ist die Musik zu laut/leise?“ – „Jest za głośno/cicho?“ | „Ich liebe klassische/Popmusik.“ – „Uwielbiam klasyczną popularną muzykę.“

Hefe-Quarkkuchen Kołacz

Schwierigkeitsgrad: mittel | **Portionen:** 1 Kuchen | **Arbeitszeit:** 100 Minuten, plus Gehzeit

Der Kołacz ist die Weiterentwicklung eines runden Brotes, das man Paaren früher zur Hochzeit schenkte. Heute isst man in Polen den süßen Kuchen zu allen Gelegenheiten. Typisch ist hier die gitterartige Teigverzierung.

Zutaten

Für den Teig:
500 ml Milch
270 g Zucker
70 g Hefe
1 kg Mehl
3 Eier
6 Eigelb
250 g weiche Butter

Für die Füllung:
1 kg Quark (40 %)
100 g Biskuits
100 g Zucker
2 Eier
100 g Rosinen
Zitronensaft

Außerdem:
1 verquirltes Ei zum Bestreichen
30 g gehackte Walnüsse

Zubereitung

1| Die Milch auf ca. 30 °C erwärmen. 20 g Zucker und die Hefe hineingeben, verrühren und so lange stehen lassen, bis sich Blasen bilden.

2| Das Mehl in eine Schüssel sieben und mit der Hefemilch, den Eiern, den Eigelben, dem restlichen Zucker und der Butter zu einem Teig verarbeiten. Diesen in eine Schüssel legen, mit einem Geschirrtuch bedecken und an einem warmen Ort so lange gehen lassen, bis die doppelte Menge entstanden ist.

3| Den Backofen auf 180 °C (Umluft 160 °C) vorheizen. Eine Springform einfetten.

4| Für die Füllung den Quark in eine Schüssel geben. Die Biskuits zerbröseln und mit dem Zucker, den Eiern und den Rosinen vermischen. Unter den Quark rühren und mit dem Zitronensaft abschmecken.

5| Den aufgegangenen Teig aus der Schüssel nehmen und nochmals verkneten. Den Teig in zwei Hälften teilen. Einen Teil ausziehen und die vorbereitete Springform damit auslegen.

6| Die Quarkmasse in die Springform geben.

7| Aus dem restlichen Teig fingerdicke Röllchen formen und den Kuchen damit belegen. Mit verquirltem Ei bestreichen und die Walnüsse darüber streuen.

8| Im vorgeheizten Backofen ca. 50 Minuten backen.

„Mir ist etwas kalt." – „Jest mi trochę zimno." | „Hier ist es sehr warm!" – „Tutaj jest bardzo ciepło!" | „So ist es angenehm!" – „Tak jest przyjemnie!"

Honigkuchen Piernik

Schwierigkeitsgrad: einfach | Portionen: 1 Kuchen | Arbeitszeit: 80 Minuten

Der Piernik, ein weihnachtlicher Honigkuchen, ist eine neuere Variante der Thorner Lebkuchen. In der polnischen Stadt Thorn lässt sich die Tradition des Lebkuchenbackens bis ins 13. Jahrhundert zurückverfolgen.

Zutaten

200 g Honig
1 Msp. gemahlene Nelken
¼ geriebene Muskatnuss
1 TL Zimt
350 g Mehl
50 g Butter
1 Ei
2 TL Backpulver
50 g Zucker
50 g Orangeat
50 g Rosinen
50 g gehackte Haselnüsse

Außerdem:
Fett für die Form

Zubereitung

1| Den Backofen auf 180 °C (Umluft 160 °C) vorheizen.

2| Den Honig mit den Nelken, der Muskatnuss und dem Zimt in einem Topf erhitzen und so lange kochen, bis er braun wird.

3| Das Mehl in eine Schüssel sieben und mit dem Gewürz-Honig, der Butter, dem Ei, dem Backpulver, dem Zucker, dem Orangeat, den Rosinen und den Haselnüssen zu einem Teig verarbeiten.

4| Den Teig in eine ausgefettete Backform füllen und im vorgeheizten Backofen ca. 60 Minuten backen.

Tipp:

Dieser Honigkuchen lässt sich leicht abwandeln: Falls Sie kein Orangeat mögen, nehmen Sie stattdessen einfach gehackte Datteln, Feigen oder Trockenpflaumen. Wer gerne sehr süß isst, kann den Kuchen noch mit einem Zuckerguss überziehen.

„Mir ist es etwas zu dunkel/hell." – „Mi jest trochę za ciemno/jasno." | „Wo ist die Toilette?" – „Gdzie jest tutaj ubikacja?" | „Ist hier dein Schlafzimmer?" – „Tutaj jest twoja sypialnia?"

Register

Blumenkohl, überbackener 30
Bohneneintopf 36

Ente auf Wildart 64

Fleischspieße, fruchtige 52

Gans, gefüllte 58
Gänseragout mit Pilzsoße 60
Graupensuppe 8

Hackbraten, gefüllter 42
Hackfleischbällchen mit Graupen 44
Hase, gedünsteter 54
Hecht auf jüdische Art 70
Hefe-Quarkkuchen 76
Heringssalat mit Roter Bete 16
Honigkuchen 78

Kalbfleisch, mariniertes 20
Kaninchenpastete 22
Kapernsuppe mit Fleischklößchen 14
Karpfen, gedünsteter 68
Karpfen, polnischer 66
Kohlrouladen, gefüllte 38

Lammbraten 56

Mehlsuppe, saure 6
Mohnnudeln 72

Perlhuhn auf altpolnische Art 62
Piroggen mit Sauerkraut-Pilz-Füllung 28

Quarkteig-Piroggen, gefüllte 24

Rinderzunge mit Meerrettichsoße 26
Rollmöpse 18
Rote-Bete-Suppe 12

Sauerkrautsuppe 10
Sauerkrauttopf 34
Schmalzgebäck 74
Schinken im Teigmantel 50
Schmortopf 32
Schnitzel, falsche 48

Wildschweingulasch 46
Wirsingtorte, gedämpfte 40

Register

Bigos 34

Duszony karp 68
Duszony zając 54

Fasolówka 36
Faworki 74

Gołąbki z ryżem i mięsem 38
Gulasz z dzika 46

Kapuśniak 10
Karp po polsku 66
Kaczka na dziko 64
Klops nadziewany 42
Kluski z makiem 72
Kołacz 76
Kotlet pożarski 48
Krupnik 8

Marynowana cielęcina 20

Nadziewana gęś 58
Nadziewane kulebiaki 24

Ozór wołowy w sosie chrzanowym 26

Paszetet z królika 22
Perliczka po staropolsku 62
Pieczeń z jagnięcia 56
Piernik 78
Pierogi z kapustą i grzybami 24
Prażynka 32
Pulpety z kaszą 44

Raqout z gęsi z sosem grzybowym 60
Rolmopsy 18

Sałatka sledziowa z buraczkami 16
Szaszłyki w owocowej marynacie 52
Szynka w cieście 50
Szyzupak po żydowsku 70

Zapiekanka z kapusty włoskiej 40
Zapiekany kalafior 30
Zupa botwinka 12
Zupa kaparowa z klopsikami 14
Żurek 6

Genehmigte Lizenzausgabe
EDITION XXL GmbH
Industriestraße 19
64407 Fränkisch-Crumbach 2020
www.edition-xxl.de

Idee und Projektleitung: Sonja Sammüller
Layout, Satz und Umschlaggestaltung:
design cat GmbH

ISBN 978-3-89736-817-0

Bildnachweis
Shutterstock: Arkadiusz Fajer 8; Eduard Zhukov 3; Egrigorovich 40; Elena Veselova 14; hlphoto 3, 49, 59, 62, 65; Lapina Maria 39; lindasky76 5; Marcus Z-pics 11; MariaKovaleva 17, 18, 21, 23, 24, 27, 29, 31, 32, 37, 43, 45, 47, 50, 53, 55, 56, 61, 70, 73, 76; Piotr Krzeslak 13; Pronina Marina 79; StockphotoVideo 3, 35; Taras Lototskyy 69; Vladlena Azima 67; Wiktoria Matynia 2-6, 9, 10, 12, 15, 16, 19, 20, 22, 25, 26, 28, 30, 33, 34, 36, 38, 41, 42, 44, 46, 48, 51, 52, 54, 57 ,58, 60, 63, 64, 66, 68, 71, 72, 74, 77, 78, 80; Yzzi23 3, 75; zi3000 7

G. Poggenpohl: 8, 14, 17, 18, 21, 23, 24, 27, 31, 32, 37, 40, 43, 45, 47, 49, 50, 53, 55, 56, 59, 61, 62, 65, 67, 69, 70, 73, 76, 79

Alle weiteren Fotos: design cat GmbH